Conviver

História

Ensino Fundamental de nove anos

5º ano

Ricardo Dreguer

Bacharel e licenciado em História pela Universidade de São Paulo.
Professor de História no Ensino Fundamental.
Autor de obras didáticas e paradidáticas de História.

Cássia Marconi

Bacharel em Ciências Políticas e Sociais pela Fundação Escola de Sociologia e Política de São Paulo. Licenciada em Pedagogia pela Faculdade de Filosofia, Ciências e Letras Prof. José Augusto Vieira da Fundação Educacional de Machado.
Assessora e coordenadora pedagógica no Ensino Fundamental.

1ª edição

Moderna

Moderna

Coordenação editorial: José Luiz Carvalho da Cruz
Edição de texto: César Costa Jr.
Assistência editorial: Shely Cayetano
Coordenação de *design* e projetos visuais: Sandra Botelho de Carvalho Homma
Projeto gráfico: Everson de Paula, Mariza de Souza Porto, Marta Cerqueira Leite
Capa: *Criação:* Sandra Botelho de Carvalho Homma
Produção: Everson de Paula
Construção em papel: Kazue Taciro, Paulo Manzi
Foto: Paulo Manzi
Coordenação de produção gráfica: André Monteiro, Maria de Lourdes Rodrigues
Coordenação de arte: Maria Lucia F. Couto
Edição de arte: Rodrigo Carraro Moutinho
Ilustrações: Hugo Araújo, Osnei Furtado da Rocha, Rogério Soud, Sattu
Cartografia: Alessandro Passos da Costa, Anderson de Andrade Pimentel
Coordenação de revisão: Elaine Cristina del Nero
Revisão: Afonso N. Lopes, Agnaldo Holanda, Ana Cortazzo, Ana Maria C. Tavares, Fernanda Kanawati, Fernanda Marcelino, Renato Luiz Tresolavy, Sandra Garcia
Coordenação de pesquisa iconográfica: Ana Lucia Soares
Pesquisa iconográfica: Ana Claudia Fernandes, Etoile Shaw, Leonardo de Sousa Klein, Odete Pereira Ernestina.
As imagens identificadas com a sigla CID foram fornecidas pelo Centro de Informação e Documentação da Editora Moderna.
Coordenação de *bureau*: Américo Jesus
Tratamento de imagens: Arlethe Rodrigues, Luiz C. Costa
Pré-impressão: Everton L. de Oliveira, Helio P. de Souza Filho, Marcio H. Kamoto
Coordenação de produção industrial: Wilson Aparecido Troque
Impressão e acabamento: Gráfica Ave-Maria

Dados Internacionais de Catalogação na Publicação (CIP)
(Câmara Brasileira do Livro, SP, Brasil)

Dreguer, Ricardo
Conviver : história : ensino fundamental de nove anos / Ricardo Dreguer, Cássia Marconi. — 1. ed. — São Paulo : Moderna, 2009. — (Conviver)

Obra em 4 v. para alunos do 2º ao 5º ano.
Bibliografia

1. História (Ensino fundamental) I. Marconi, Cássia. II. Título. III. Série.

09-07043 CDD-372.89

Índices para catálogo sistemático:
1. História : Ensino fundamental 372.89

ISBN 978-85-16-05936-1 (LA)
ISBN 978-85-16-05937-8 (GR)

EDITORA MODERNA LTDA.
Rua Padre Adelino, 758 - Belenzinho
São Paulo - SP - Brasil - CEP 03303-904
Vendas e Atendimento: Tel. (0_ _11) 2602-5510
Fax (0_ _11) 2790-1501
www.moderna.com.br
2010
Impresso no Brasil

1 3 5 7 9 10 8 6 4 2

A política se dá em todas as relações. [...] Na escola, por exemplo, quando o aluno tem ou não tem voz, se pode ou não participar, se tem condições ou não de interferir nas deliberações que o afetam diretamente.

Carla Rodrigues e Herbert de Souza. *Ética e cidadania*. São Paulo: Moderna, 1994. p. 21.

Seu livro é assim...

Este é seu livro de História. Conheça sua organização.

Primeiros contatos
Você vai trocar ideias com os colegas a respeito dos assuntos da unidade.

Comparar diferentes interpretações
Você vai comparar diferentes visões sobre um mesmo fato.

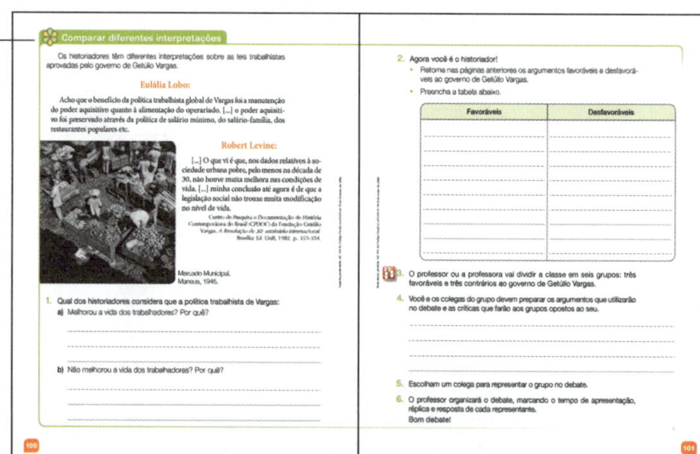

Explorar fontes históricas
Você vai explorar diversas fontes, como objetos, cartas, fotografias e pinturas.

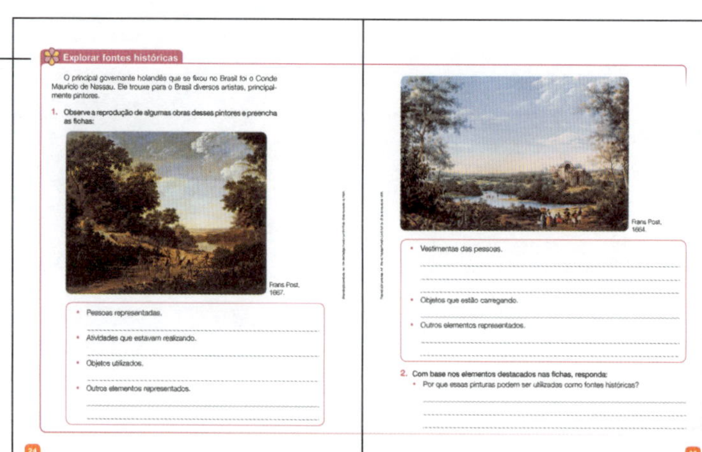

Um passo a mais...
Aqui você retoma e aplica seus conhecimentos.

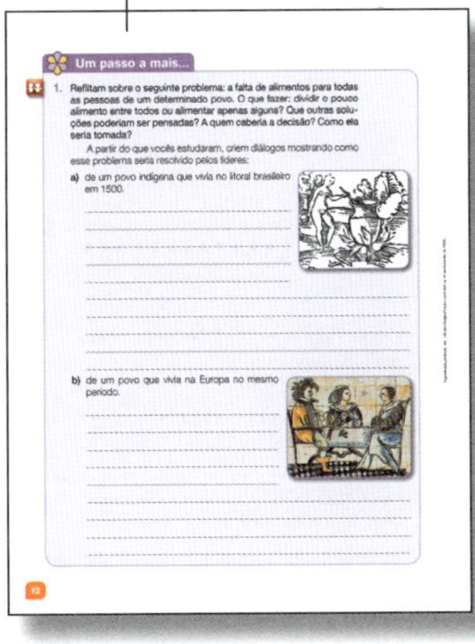

Neste livro, você vai encontrar os ícones abaixo. Eles indicam como as atividades devem ser realizadas.

Atividade oral

Atividade em dupla

Atividade em grupo

Registre em seu caderno

✻ Procure o significado da palavra ou expressão no glossário ao final do livro.

Refletindo mais...
Retome e amplie alguns assuntos.

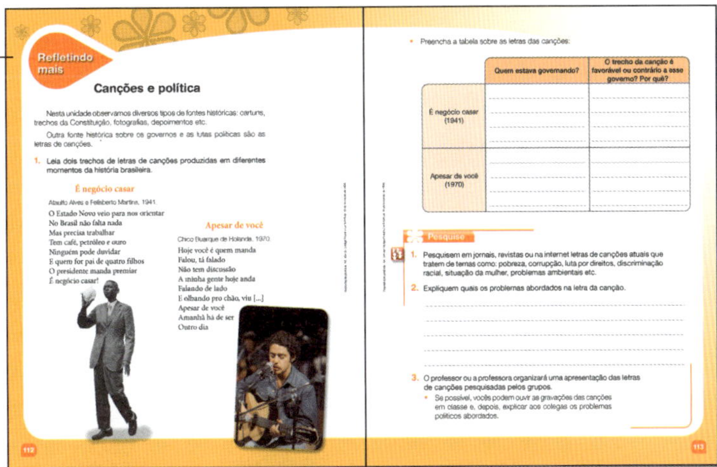

Você também encontrará as seções:

Investigue
Procure descobrir mais informações.

Entreviste
Converse com as pessoas.

Pesquise
Consulte outras fontes.

Você sabia?
Saiba mais sobre o assunto.

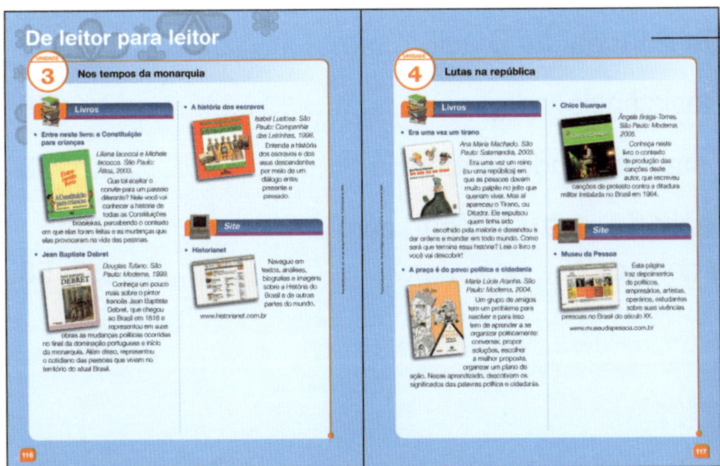

De leitor para leitor
Sugestões de livros, *sites* e filmes para você saber mais.

Sumário

UNIDADE 1

UNIDADE 2

UNIDADE 3

Nos tempos da monarquia ... 60

UNIDADE 4

Lutas na república ... 86

UNIDADE 1

A dominação portuguesa

Há cerca de quinhentos anos, os portugueses dominaram várias partes do mundo, onde viviam diversos povos.

Os povos indígenas que viviam no território do atual Brasil falavam muitas línguas diferentes.

Os africanos escravizados pelos portugueses trouxeram para o Brasil suas línguas.

Primeiros contatos

1. Você conhece termos de origem indígena e africana incorporados à língua portuguesa falada no Brasil? Quais?
2. Além da língua, que outras mudanças os portugueses podem ter realizado no território habitado pelos povos indígenas?

Os portugueses invadiram o território habitado pelos povos indígenas. Eles tentaram impor aos indígenas sua língua.
Porém, eles também incorporaram muitos termos de origem indígena.

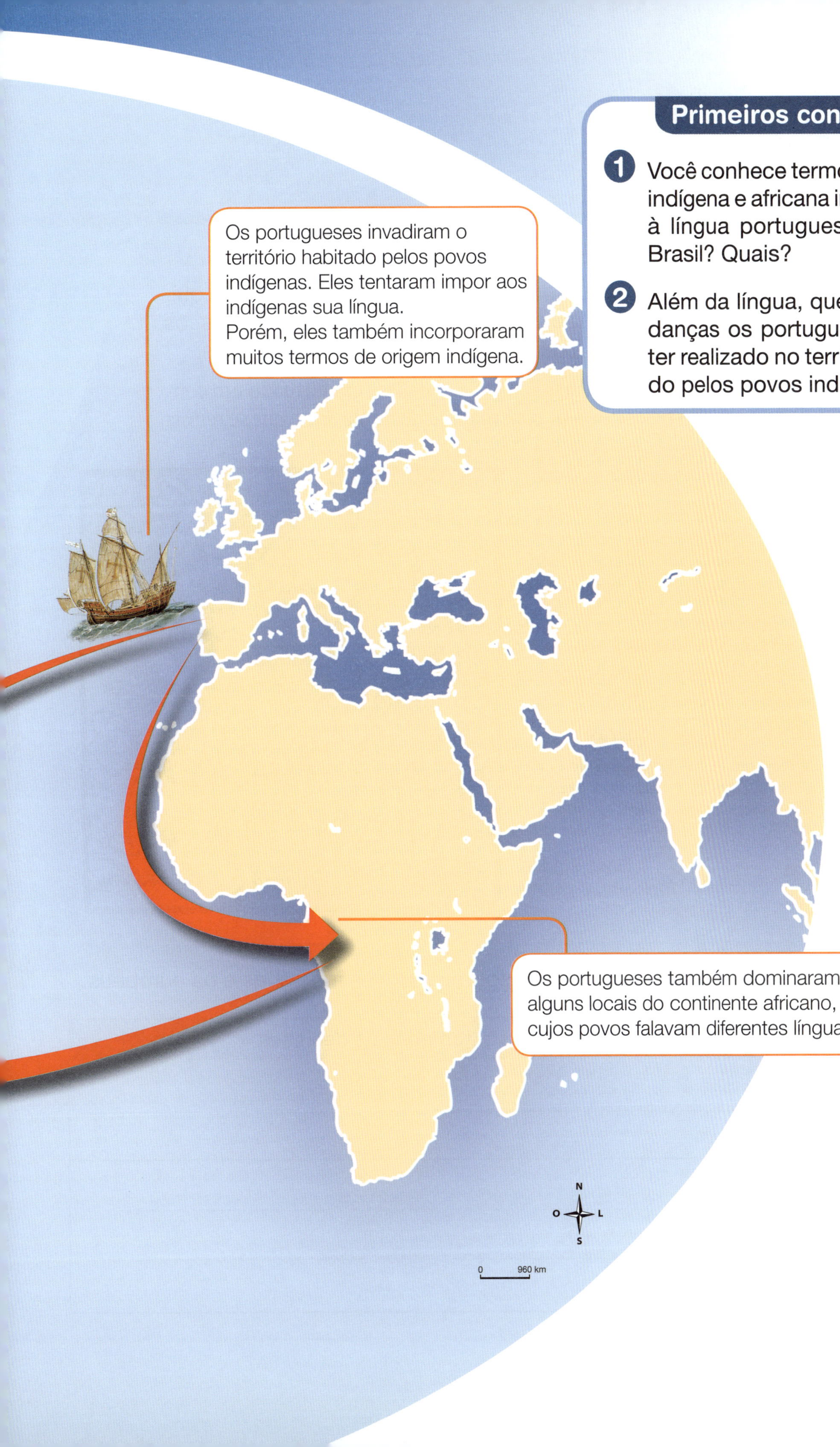

Os portugueses também dominaram alguns locais do continente africano, cujos povos falavam diferentes línguas.

1. A organização do poder

Povos indígenas

Os povos indígenas que habitavam o litoral do atual território brasileiro há quinhentos anos – como os Potiguares, os Caetés, os Tupinambás, os Tupiniquins, os Carijós – tinham formas semelhantes de organização e de divisão das riquezas.

> O chefe não resolvia sozinho os problemas da aldeia. Para isso era formado um conselho dos mais velhos, formado pelos homens com mais de quarenta anos, que se reunia com frequência.
>
> As decisões eram tomadas após um longo processo de convencimento pelos chefes que passavam horas discursando, explicando, até conquistar o apoio do conselho dos mais velhos e do pajé, o líder espiritual do grupo. A capacidade para argumentar e o talento para convencer eram qualidades muito apreciadas entre os índios.
>
> Entre os índios, os alimentos obtidos eram divididos igualmente entre todos e não havia uma preocupação com o acúmulo de riquezas.
>
> Texto reescrito de Laima Mesgravis e Carla Bassanezi Pinsky. *O Brasil que os europeus encontraram*. São Paulo: Contexto, 2002. p. 50 e 52.

Hans Staden. *Tupinambás*, 1557.

1. Preencha o quadro com as informações sobre os povos indígenas e os europeus.

	Como eram tomadas as decisões
Povos indígenas	
Europeus	

Europeus

Os povos que viviam na Europa nesse mesmo período – como os portugueses, espanhóis, franceses, ingleses etc. – tinham outras formas de organização e de distribuição das riquezas.

Havia funcionários que davam ideias sobre os problemas do reino. Porém, a decisão final era tomada pelos reis e rainhas e devia ser obedecida por todos sem questionamento. Isso significava que qualquer um que se revoltasse contra as decisões do rei podia ser preso e até morto.

Na Europa, as riquezas não eram divididas igualmente. Os nobres e religiosos controlavam as melhores terras e não pagavam impostos. A maior parte dos impostos era paga pelos camponeses, que não tinham terras e trabalhavam para os nobres e religiosos. Além do imposto, eles pagavam também taxas aos donos das terras.

Texto reescrito de Haydn Middleton. *O cotidiano europeu no século XVI*. São Paulo: Melhoramentos, 1992. p. 8 e 14.

Anônimo. *Henrique II, rei da França*, 1555.

Como eram divididos os alimentos e as riquezas

Um passo a mais...

1. Reflitam sobre o seguinte problema: a falta de alimentos para todas as pessoas de um determinado povo. O que fazer: dividir o pouco alimento entre todos ou alimentar apenas alguns? Que outras soluções poderiam ser pensadas? A quem caberia a decisão? Como ela seria tomada?

A partir do que vocês estudaram, criem diálogos mostrando como esse problema seria resolvido pelos líderes:

a) de um povo indígena que vivia no litoral brasileiro em 1500.

b) de um povo que vivia na Europa no mesmo período.

2. Ocupação e resistência

Os povos indígenas que viviam no litoral do atual Brasil tiveram suas terras invadidas e ocupadas pelos portugueses.

O governo português dividiu o território em compridas faixas de terra chamadas de capitanias hereditárias.

Capitanias hereditárias (1534)

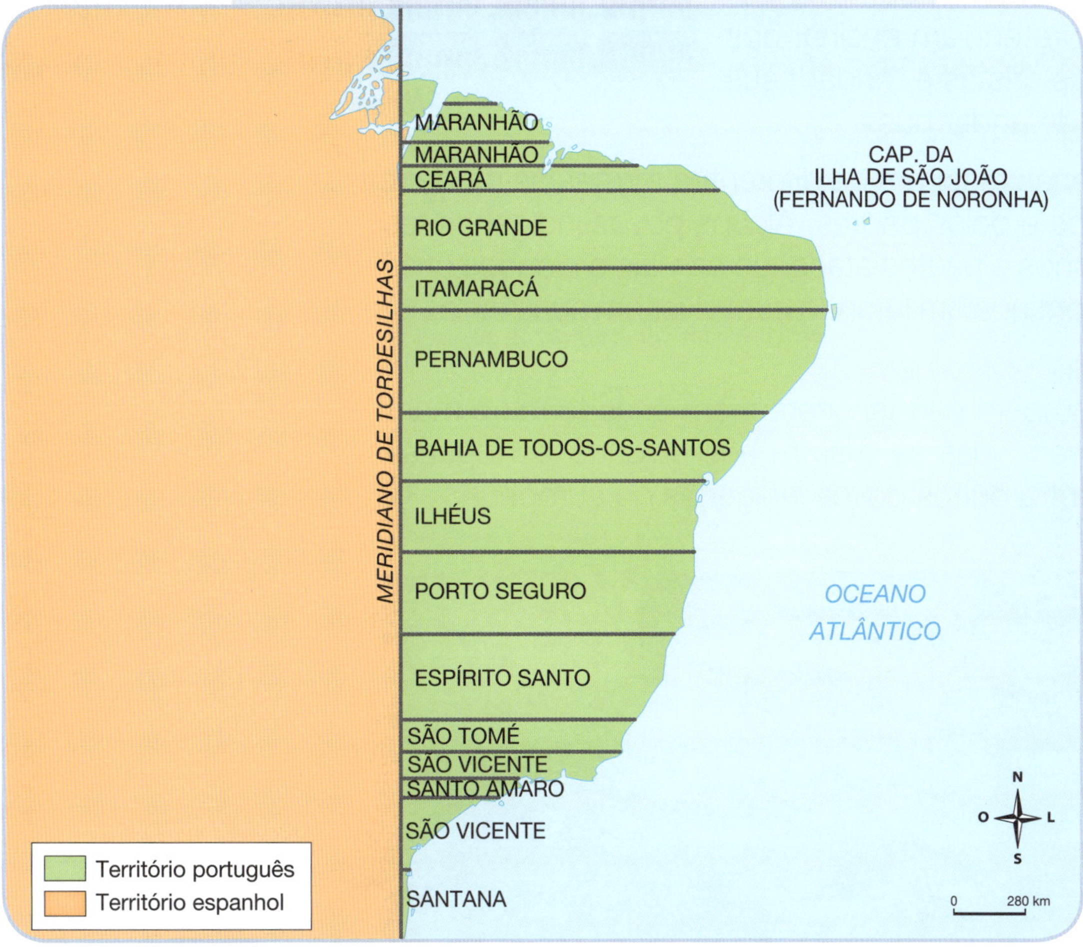

Fonte: M. M. Albuquerque (e outros). *Atlas histórico escolar*. 8. ed. Rio de Janeiro: FAE, 1991. p. 16.

Você sabia?

Em 1494, representantes dos reis de Portugal e Espanha assinaram um tratado chamado Tratado de Tordesilhas.

Esse tratado definia uma linha imaginária – o meridiano de Tordesilhas – dividindo as terras da América. As terras a leste desse meridiano passavam a pertencer a Portugal. Já as terras a oeste passavam a pertencer à Espanha.

A luta pela terra

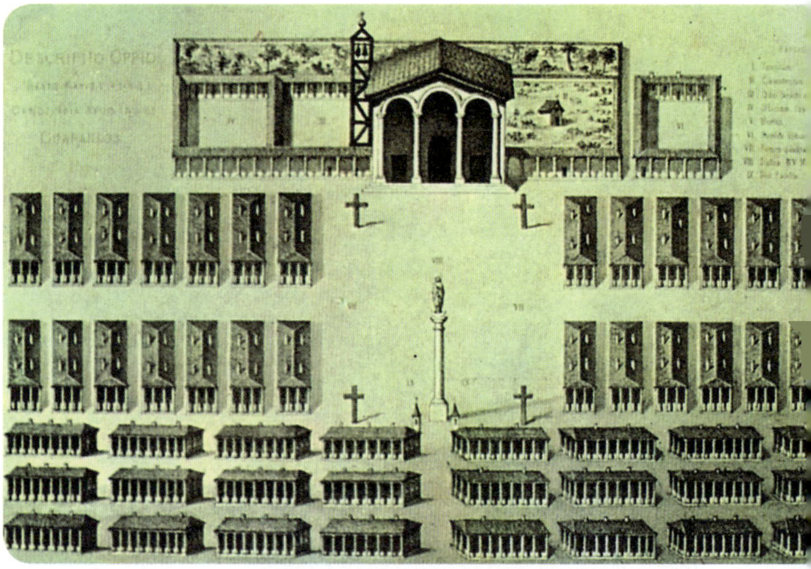
Aldeamento em Guairá (oeste do Paraná), século XVII.

A divisão em capitanias hereditárias não respeitou a forma de organização dos povos indígenas. Além disso, muito índios foram expulsos das suas terras, que passaram a ser ocupadas por colonos portugueses.

Outra mudança no modo de vida dos indígenas foi a criação de aldeamentos onde eram reunidos indígenas de povos diferentes. Nesses aldeamentos havia padres católicos que pretendiam ensinar aos indígenas as crenças cristãs e mudar seus costumes, como o de andar nus.

Os povos indígenas reagiram de diferentes formas às mudanças impostas pelos colonos e pelos padres. Alguns povos indígenas resistiram à presença dos colonos e padres atacando as vilas e cidades criadas por eles. Esses povos continuaram lutando para viver em suas terras e manter seus costumes.

Outros povos também permaneceram em suas terras e mantiveram seus costumes. Porém, eles se aliaram aos colonos portugueses e os apoiaram na luta contra outros povos indígenas ou europeus.

Theodore de Bry. *Guerra entre índios e portugueses*, século XVI.

Nos conflitos com os povos indígenas, os governantes portugueses utilizavam o termo “Guerra justa”.

Os governantes portugueses consideravam que eram justas as guerras contra os indígenas que se recusassem a virar católicos ou impedissem o trabalho dos padres.

Também chamavam de guerras justas aquelas realizadas contra os povos indígenas que lutavam contra os colonos e os indígenas aliados.

O rei de Portugal escrevia documentos declarando que a guerra contra determinado povo indígena era justa. Nesse caso, os colonos que a realizassem eram autorizados pelo governo português a escravizar os indígenas desse povo.

Texto reescrito com base em Beatriz Perrone Moisés. “Índios livres e índios escravos.” Em: Manuela Carneiro da Cunha (org.). *História dos índios no Brasil*. São Paulo: Companhia das Letras, 1992. p. 123-124.

1. Agora imagine que você era um indígena de um povo que resistia à ocupação de suas terras pelos portugueses. Escreva uma carta para o rei português com suas opiniões sobre as guerras que os portugueses chamavam de “justas”.

Atualmente

Alguns povos indígenas continuam lutando atualmente pelos seus direitos, como relata esta notícia:

Índios de São Paulo pressionam por terras

JOSÉ MARIA TOMAZELLA

Grupos indígenas estão mobilizados para reivindicar a demarcação* ou ampliação de seus territórios. A Fundação Nacional do Índio (Funai) reconhece que há risco de conflitos.

Em fevereiro, guaranis invadiram uma fazenda e instalações religiosas [...] em Itaporanga, no sudoeste paulista. Eles alegam que os antepassados viviam na região e querem de volta o território. [...]

A demarcação e a delimitação física de terras para usufruto dos índios estão previstas na Constituição* de 1988. Em São Paulo, o processo está atrasado [...].

Em três aldeias paulistanas – Barragem, Krukutu e Jaraguá – os índios ocupam terrenos exíguos*. Na aldeia de Jaraguá, cerca de 300 pessoas vivem em 1,75 hectare*. Há também grande concentração de índios sem-terra na região do Vale do Ribeira.

Aldeia guarani Jaraguá, 2006.

José Maria Tomazella. *O Estado de S. Paulo,* 29 mar. 2009.

2. Compare a situação dos índios atualmente e há cerca de quinhentos anos, identificando semelhanças nas suas reivindicações e formas de luta.

3. Um governo geral

Os donatários enfrentavam diversos problemas na organização das capitanias hereditárias, como a falta de recursos para controlar os extensos territórios e a resistência dos povos indígenas.

Para tentar resolver esses problemas, em 1549, o rei português nomeou um governador-geral para auxiliar os donatários na administração das capitanias. O primeiro governador-geral, Tomé de Souza, fundou a cidade de Salvador, que passou a ser a capital administrativa do Brasil.

O governador-geral nomeado pelo rei era auxiliado por outros funcionários, como mostra o esquema.

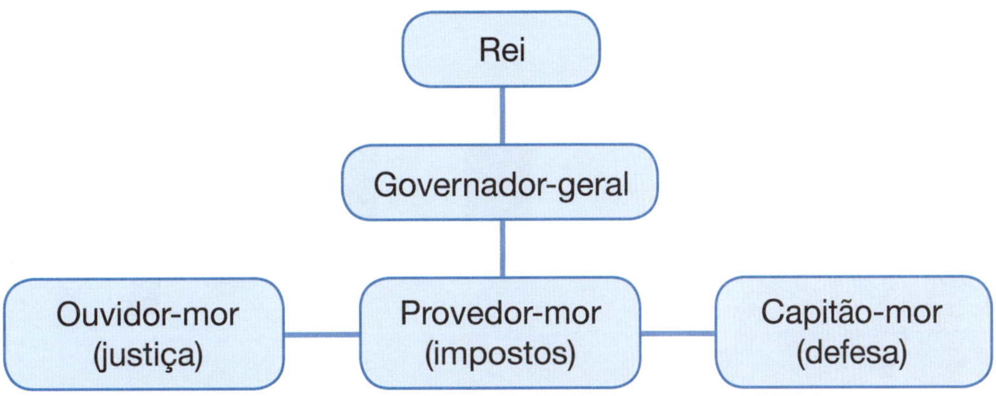

1. **Esse tipo de esquema de organização de poder é chamado de organograma. Nele são colocados os cargos de acordo com a posição da pessoa que o ocupa.**

- Agora responda: Há funcionários com o mesmo nível de poder? Explique.

____

____

2. **Destaque o encarte da página 121, que apresenta uma planta da cidade de Salvador no século XVII.**

- Identifique os elementos que mostram a importância de Salvador na época da dominação portuguesa sobre o Brasil.

____

____

____

____

Câmaras Municipais

Além do governador-geral e dos donatários que comandavam as capitanias, os portugueses introduziram outra forma de poder no território brasileiro: as Câmaras Municipais.

As Câmaras eram compostas pelos vereadores, escolhidos entre os colonos proprietários de terras. Não podiam ser vereadores as mulheres, os colonos que exerciam atividades de comércio e artesanato, os indígenas e os escravos.

Os vereadores eram responsáveis por cuidar de problemas locais, como autorizar a construção de pontes e estradas, bem como fiscalizar a limpeza das ruas e a coleta do lixo.

Câmara e cadeia, século XVIII.

3. **Organizem uma pequena dramatização sobre uma reunião numa Câmara de vereadores no tempo da dominação portuguesa.**

- Escolham um tema a ser debatido na reunião.
- Representem pessoas que podiam e que não podiam participar dos debates da Câmara.
- Criem falas para cada um desses personagens dando ideias ou protestando por não poderem participar.
- Façam um ensaio geral e depois apresentem para os colegas.

Boa apresentação!

Atualmente, as Câmaras Municipais são compostas de vereadores eleitos pela população de cada município e o mandato é de quatro anos. Podem ser candidatos a vereadores homens e mulheres com mais de 18 anos.

Os vereadores atuais são responsáveis por propor, estudar e aprovar leis sobre as localidades, como a limpeza das ruas, a coleta do lixo e a construção de pontes. Eles também fiscalizam as ações do prefeito, definem os gastos e os impostos do município.

Sessão da Câmara Municipal do Rio de Janeiro, 2008.

4. Compare quem podia ser vereador e as funções exercidas pelos vereadores nas Câmaras Municipais durante a dominação portuguesa e atualmente, identificando:

a) semelhanças.

____

____

____

____

b) diferenças.

____

____

____

____

____

Entreviste

Agora vocês vão entrevistar um vereador ou uma vereadora do seu município.

- Nome: ______________________________
- Idade: ______________
- Quantos vereadores participam da Câmara Municipal?

____

- Quais os principais assuntos discutidos pelos vereadores?

____

____

____

- Os vereadores assistem a todas as sessões?

____

- Comente algum projeto de sua autoria apresentado na Câmara.

____

____

____

- Qual o principal projeto votado na Câmara no seu mandato que considera importante para a população.

____

____

____

- ______________________

____

____

____

____

____

4. Invasões

Além dos portugueses, outros europeus também tentaram controlar as terras em que viviam os povos indígenas.

Franceses

Em 1555, um grupo de franceses desembarcou no território do atual estado do Rio de Janeiro com o objetivo de fundar uma colônia. Esse acontecimento foi relatado pelo viajante Hans Staden.

> Então, uma certa manhã, quando ainda estávamos no porto do Rio de Janeiro, veio um pequeno navio e quis sair da baía*. Ele tinha feito comércio com os Maracajás, uma tribo de selvagens amiga dos portugueses e cujo território faz fronteira com as terras Tupinambás, os amigos dos franceses. As duas tribos vivem em constante inimizade. [...]
>
> Os franceses equiparam seus barcos com canhões, avançaram até os portugueses baía adentro e queriam tomar o navio. Levaram-me com eles. Eu devia falar com o inimigo e exigir que se rendesse. No entanto, quando atacamos os portugueses, nos repeliram.
>
> Hans Staden. *Hans Staden: primeiros registros escritos e ilustrados sobre o Brasil e seus habitantes*. São Paulo: Terceiro Nome, 1999. p. 84-85.

Hans Staden. *Um navio português ao largo de Ubatuba*, 1557.

1. Complete com o nome dos quatro grupos envolvidos nos conflitos descritos no texto.

________________ e ________________ contra ________________

e ________________.

Os conflitos entre portugueses e franceses e seus aliados indígenas persistiram por muitos anos.

Em 1565, o terceiro governador-geral, Mem de Sá, preparou um grande ataque que expulsou os franceses.

> Ele partiu de Salvador em fins de 1563 e chegou ao território do atual Rio de Janeiro com alguma demora, pois parou no caminho para colher reforços.
>
> O capitão-mor, que logo à entrada da baía capturara uma embarcação de franceses, decidiu continuar a viagem até São Vicente, para conseguir novos auxílios de colonos e de índios Tupiniquim. Com esses reforços, conseguiu expulsar os franceses e, em 1565, fundou uma povoação que se tornou cidade com o nome de São Sebastião do Rio de Janeiro.
>
> Sérgio Buarque de Holanda e Pedro Moacyr Campos (orgs.). *História geral da civilização brasileira*. Rio de Janeiro: Bertrand Brasil, 1989. v. 1. p. 160.

2. Faça desenhos representando os personagens e os acontecimentos citados no texto. Para caracterizar seus desenhos, retome as imagens das páginas anteriores, observando as embarcações, as vestimentas e as armas utilizadas pelos europeus e pelos índios.

Holandeses

Os holandeses também ocuparam o território brasileiro, principalmente a área em que se produzia açúcar.

Leia um texto sobre algumas medidas tomadas pelos governantes holandeses em Recife.

> Todas as ruas devem ser cobertas com areia, para torná-las viáveis – as quais em consequência das chuvas ficam encharcadas – duas vezes em cada 24 horas, sob pena de serem multados em 6 florins* os que deixarem de fazer em frente aos seus terrenos [...]
>
> De agora em diante não se lance mais lixo às ruas, mas deve ser levado para fora do Recife, sob a mesma pena.
>
> José A. G. de Mello. Tempo dos flamengos. In: Luiz Geraldo Silva. *O Brasil dos holandeses*. São Paulo: Atual, 1997.

Anônimo. *Vista de Recife*, 1630.

3. Preencha o esquema sobre os problemas, as regras estabelecidas pelos governantes e as punições a quem não as cumprisse.

Primeiro problema	→	Regra	→	Punição

Segundo problema	→	Regra	→	Punição

Explorar fontes históricas

O principal governante holandês que se fixou no Brasil foi o Conde Maurício de Nassau. Ele trouxe para o Brasil diversos artistas, principalmente pintores.

1. **Observe a reprodução de algumas obras desses pintores e preencha as fichas:**

Frans Post, 1667.

- Pessoas representadas.

  ____

- Atividades que estavam realizando.

  ____

- Objetos utilizados.

  ____

- Outros elementos representados.

  ____

  ____

Frans Post, 1664.

- Vestimentas das pessoas.

- Objetos que estão carregando.

- Outros elementos representados.

2. **Com base nos elementos destacados nas fichas, responda:**

- Por que essas pinturas podem ser utilizadas como fontes históricas?

5. Resistência negra

Entre os séculos XVI e XIX, os portugueses trouxeram para o Brasil muitos africanos escravizados. Eles eram obrigados por seus proprietários a trabalhar em diferentes atividades – produção de açúcar, extração de ouro, transporte de mercadorias etc. – e sofriam castigos rigorosos.

Os escravos africanos resistiam à escravidão de diferentes formas. A principal forma de resistência coletiva foram as fugas, com a formação de comunidades chamadas quilombos.

Um dos quilombos mais conhecidos foi o de Palmares, a maior comunidade de escravos fugidos que existiu no Brasil. O território do quilombo era composto de dez aldeias formadas por casas de barro cobertas com folhas de palmeira.

Os habitantes do quilombo de Palmares – que chegou a reunir cerca de 20 mil pessoas – plantavam milho e mandioca, caçavam e pescavam para garantir sua alimentação. Nas aldeias do quilombo de Palmares viviam, além dos escravos fugidos, índios e colonos pobres.

Cada aldeia de Palmares tinha o seu próprio chefe, que participava de um conselho geral. O chefe da aldeia principal – a do Macaco – era considerado o líder de Palmares.

O quilombo de Palmares foi criado em 1605 e atacado pelos donos de fazendas e pelas autoridades portuguesas. Eles consideravam que Palmares constituía um perigo, pois servia de estímulo para os escravos fugirem.

Os quilombolas resistiram a diversas expedições enviadas para destruir Palmares. Em 1694 uma grande expedição com cerca de 3.000 soldados, enviada pelas autoridades portuguesas, conseguiu destruir Palmares e capturar e matar seu principal líder, conhecido como Zumbi.

Frans Post. *Engenho* (detalhe), 1668.

1. Elabore uma história em quadrinhos sobre o quilombo de Palmares, incluindo desenhos e balões de falas sobre os seguintes assuntos:

- A forma de organização das aldeias e das casas.
- As atividades econômicas dos quilombolas.
- A organização política dos quilombolas.
- Os ataques ao quilombo e sua destruição, em 1694.

Atualmente

Atualmente, muitos descendentes de ex-escravos vivem em comunidades quilombolas. Em 1988, foi incluído na Constituição – a lei máxima do país – um artigo sobre as terras pertencentes a essas comunidades.

> Art. 68. Aos remanescentes* das comunidades dos quilombos que estejam ocupando suas terras é reconhecida a propriedade definitiva, devendo o Estado emitir-lhes os títulos* respectivos.
>
> *Constituição da República Federativa do Brasil. Ato das Disposições Constitucionais Transitórias*. São Paulo: Atlas, 1989. p. 127.

http://www.cedefes.org.br

Existem comunidades quilombolas vivendo em 24 estados do Brasil. No entanto, apenas 13 estados contavam, em setembro de 2007, com algum território quilombola titulado. O Pará é o estado campeão em titulações. Lá são 34 as terras de quilombos tituladas.

Quilombo Silva, município de Porto Alegre, estado do Rio Grande do Sul.

Disponível em: www.cedefes.org.br. Acesso em: 22 nov. 2007.

2. Junte-se a um colega e comparem os textos da lei e da notícia e respondam: em 2007, a legislação sobre as comunidades quilombolas estava sendo respeitada na prática? Expliquem.

6. Controle

Durante o período de dominação portuguesa, os governantes criaram várias leis para controlar os colonos que viviam no território do atual Brasil.

Em 1734, os juízes vindos de Portugal, que deviam fiscalizar os colonos, foram proibidos de casar-se com mulheres nascidas no Brasil.

Jean-Baptiste Debret. *Desembargadores a caminho do Palácio da Justiça*, 1826.

Em 1761, uma ordem vinda de Portugal determinou a matança de milhares de mulas para não prejudicar a criação portuguesa de cavalos.

Jean-Baptiste Debret. *Lapa*, 1827.

Várias leis proibiram a existência de tipografias* (e, portanto, de livros e jornais), para evitar a circulação de ideias contrárias à dominação portuguesa.

Em 1767 foi proibido o fabrico de sabão no Brasil para obrigar os colonos a comprar o sabão que vinha de Portugal.

Texto reescrito com base em Hernani Donato. *História dos usos e costumes do Brasil*. São Paulo: Melhoramentos, 2005. p. 210.

Bacia, jarro e porta-sabão. Prata, século XIX.

Johan Peter Voit. *Tipografia na Alemanha*, 1790.

1. **Imaginem que vocês viveram nas terras brasileiras no século XVIII.** Escolham um dos personagens abaixo e escrevam um texto para o governador-geral, protestando contra proibições que afetam a sua vida.

- Pessoa interessada em montar uma tipografia.
- Leitor ou leitora de jornais e livros.
- Morador ou moradora que utiliza o sabão que teve a fabricação proibida.
- Dono ou dona de tropa de mulas.
- Juiz vindo de Portugal.

Explorar fontes históricas

Além de cobrar muitos impostos, os governantes portugueses aumentaram o controle sobre as atividades dos colonos, como mostra o trecho de um decreto de 1785.

> Eu, a Rainha, faço saber aos que este alvará* virem: [...] Hei por ordenar que todas as fábricas, manufaturas* ou teares de tecidos, ou de bordados de ouro e prata, de veludo, brilhantes, cetins, tafetá [...]; excetuando-se tão somente aqueles ditos teares, e manufaturas, em que se tecem, ou manufaturam fazendas* grossas de algodão [...]; todas as mais serão extintas, e abolidas em qualquer parte onde se acharem nos meus domínios do Brasil.

Andréa Lisly e Íris Kantor. *O trabalho em Minas colonial*. São Paulo: Atual, 1996. p. 31.

Autor anônimo. *Projeto de funcionamento de fábrica no Rio de Janeiro*, 1785.

1. Preencha a ficha sobre o documento.

- Autor: ______________________________
- Data: ______________________________
- O que determinava:

____

____

2. Em sua opinião, qual o objetivo dessa determinação? Explique.

____

____

____

____

Refletindo mais

Se você fosse vereador...

Nesta unidade você comparou a forma de funcionamento das Câmaras Municipais no tempo em que Portugal dominou o Brasil e atualmente. Agora vamos ampliar a discussão sobre a importância do trabalho dos vereadores.

Leia a notícia sobre a Câmara do município de Venâncio Aires, no estado do Rio Grande do Sul.

Crianças têm voz e vez na Câmara de Vereadores

WILSON WESCHENFELDER

Pelo quarto ano consecutivo, a Câmara de Vereadores promoveu a sessão especial alusiva ao Dia da Criança. Neste ano, treze crianças até 12 anos foram inscritas pelas suas respectivas escolas e participaram da sessão de Vereadores Mirins, realizada na tarde de segunda-feira. Mesmo que a Câmara seja composta só de dez vereadores, todos os vereadores mirins inscritos puderam ocupar a tribuna e fazer suas reivindicações em nome de sua escola ou comunidade. [...]

– David Melz Henn (Colégio Professor José de Oliveira Castilhos) – Demarcação da faixa de pedestres defronte a escola; estacionamento exclusivo para motos; troca do assoalho do ginásio de esportes; e pintura externa da escola.

– Robson Luis Ayres (Escola Municipal Theotônio Francisco dos Santos) – Agradeceu a reabertura da escola e solicitou a construção de uma biblioteca e de uma pracinha para uso comunitário. [...]

– Andressa Joseane Wünsch de Campos (Escola Estadual 11 de Maio) – Iluminação ao redor do prédio da escola; calçada na frente da escola; drenagem do terreno no pátio da escola; asfalto principalmente por onde passam os ônibus; e melhorias das condições do esgoto.

– Dueli Kauana Kist (Escola Estadual Wolfram Metzler) – Pediu melhorias em seu bairro: faixa de pedestres na Rua Emiliano de Macedo, oficinas de música, teatro e esporte, pracinha infantil ou campo de futebol no espaço atrás do Centro Social e cobertura da cancha esportiva.

– Janaína Christmann (Escola Estadual Pedro Beno Bohn) – Solicitou mais um ônibus escolar, construção de um ginásio de esportes e sinalização no asfalto nas proximidades da escola.

– Sabrina Thaís Rosa dos Santos (Escola Municipal Dom Pedro II) – Solicitou linha telefônica para a escola, um toldo para abrigar as crianças nos dias de chuva, computadores para o laboratório de Informática e instrumentos para o laboratório de Ciências.

Wilson Weschenfelder. *Venâncio Aires*. 13 out. 2006. Disponível em: www.folhadomate.com.br. Acesso em: 2 jun. 2009.

1. E você, o que faria se fosse vereador? Escreva abaixo quais seriam suas propostas para melhorar sua escola ou sua localidade.

____

____

____

____

2. Seu professor ou sua professora registrará na lousa as propostas de cada aluno. Quando solicitado, informe suas propostas.

3. Liste as três propostas mais defendidas pelos alunos da sua classe.

____

____

____

4. Escreva uma carta para um vereador da sua localidade enviando as três propostas mais defendidas pelos alunos.

Senhor vereador, ______________________________

____

____

____

____

____

____

____

____

____

Alunos do 5º ano do(a) colégio/escola: ______________________

UNIDADE 2

Crise da dominação portuguesa

Você já sabe que, a partir de 1500, os portugueses dominaram o território que atualmente pertence ao Brasil.

Entre 1700 e 1822 ocorreram várias revoltas contra a dominação portuguesa no Brasil.

Joaquim da Rocha Ferreira. *Provedor de Minas.*

1700

Aumento do controle do governo português sobre o ouro extraído no Brasil.

1720

Revolta dos colonos da área mineradora.

1740

1760

Cobrança dos impostos atrasados pelas autoridades portuguesas.

Antonio Parreiras. *O julgamento de Felipe dos Santos.*

Primeiros contatos

1. Escolha uma das revoltas apresentadas na linha do tempo e as imagens que as acompanham. Elabore hipóteses sobre:
   a) Os grupos que participaram dessa revolta.
   b) Os motivos e objetivos dos revoltosos.
2. Conte aos colegas suas hipóteses e ouça as deles.

Augustus Earle. *Mercado de escravos em Recife.*

Revolta dos colonos da cidade de Recife, em Pernambuco.

Colonos da cidade de Salvador, na Bahia, se revoltam.

Independência do Brasil em relação a Portugal.

Nova revolta dos colonos da área mineradora.

Antonio Parreiras. *Jornada dos mártires.*

7. Casas de fundição e revolta

No século XVIII, ocorreu um aumento da extração de ouro no Brasil. Por isso, o governo português ampliou o controle sobre os mineradores.

Os funcionários portugueses controlavam a cobrança dos impostos por meio das casas de fundição. Os mineradores eram obrigados a levar o ouro para essas casas, onde ele era fundido em barras e marcado com um símbolo da Coroa portuguesa.

Nas casas de fundição era retirado um quinto de todo o ouro que cada minerador encontrasse. Essa parte – chamada quinto – ficava para Portugal como pagamento de imposto.

Apesar do controle dos funcionários portugueses, os mineradores do século XVIII criavam formas de esconder o ouro para não pagar os impostos cobrados pelos governantes portugueses.

Texto reescrito com base em Harry Rodrigues Bellomo. *As rebeliões coloniais*. São Paulo: FTD, 1998. p. 35.

Instrumentos de extração, fundição, pesagem e transporte de ouro do século XVIII, da antiga casa de fundição de Vila Rica, atual Ouro Preto, Minas Gerais.

Para controlar a área mineradora, o governo português instalou postos de controle nas entradas e saídas das vilas, chamados de registros. Neles, as pessoas tinham de parar, e suas cargas eram inspecionadas.

Apesar desse controle, as pessoas criavam formas de não pagar o quinto. Uma delas consistia em transportar o ouro em pó ou em pepita – o que era proibido – dentro de santos de madeira. Dessa prática surgiu a expressão “santo do pau oco”.

1. Elabore uma história em quadrinhos sobre um minerador que pretendia levar o ouro para fora de sua vila. Não se esqueça de incluir:

- Os seguintes locais: casa do minerador e outras casas da vila, casa de fundição, estradas que saem da vila, posto de registro.
- As várias formas de transportar o ouro.
- Balões com diálogos entre o minerador e as autoridades portuguesas.
- As vestimentas das pessoas (ver imagens das páginas 34 e 35).

A Revolta de Vila Rica

Os mineradores se revoltaram contra o aumento do controle do governo português sobre a área mineradora.

Em 28 de junho de 1720, homens mascarados começaram a fazer desordens por Vila Rica, capital da capitania de Minas Gerais. Os revoltosos atacavam casas enquanto gritavam seu principal objetivo: o fechamento das casas de fundição. Essas cenas de violência se repetiram por vários dias.

A revolta foi organizada por grandes donos de minas, que estavam descontentes com a cobrança do quinto sobre o ouro que extraíam. Também participaram da revolta alguns homens livres e pobres, como o tropeiro Felipe dos Santos.

O governador da capitania de Minas Gerais mandou prender vários dos líderes do movimento. Em 16 de julho de 1710, o governador ocupou Vila Rica com 1.500 soldados exibindo os presos. O tropeiro Felipe dos Santos foi enforcado, mas os demais líderes do movimento, que eram grandes mineradores, foram poupados da morte.

Texto reescrito a partir de Laura de Mello Souza e Maria Fernanda Baptista Bicalho. *1680-1720: o império deste mundo.* São Paulo: Companhia das Letras, 2000. p. 79-80.

2. Preencha o esquema sobre a Revolta de Vila Rica:

Grupos que participaram	Principal objetivo	Como terminou

8. Derrama e revoltas

Na década de 1750, os governantes portugueses determinaram que os moradores da capitania de Minas Gerais deveriam pagar um total fixo de impostos todo ano, independentemente da quantidade de ouro extraído.

Em 1763, os moradores da capitania de Minas Gerais não conseguiram pagar o imposto fixado. Por isso, os governantes portugueses criaram a "derrama", nome que se deu à cobrança forçada dos impostos atrasados. Com isso, os governantes determinaram a invasão das casas dos colonos e a tomada de bens para completar o valor determinado.

Produção de ouro na capitania de Minas Gerais (1735-1769)

Fonte: Edgard Luís de Barros. *Tiradentes*. São Paulo: Moderna, 1985. p. 21.

1. Analisando o gráfico, explique por que, em 1763, os mineradores não conseguiram pagar o imposto fixado pelo governo português.

____

____

A Conjuração Mineira

O aumento do controle português sobre os mineradores contribuiu para a realização, em 1789, de uma revolta conhecida como Conjuração Mineira, que envolveu diferentes grupos sociais.

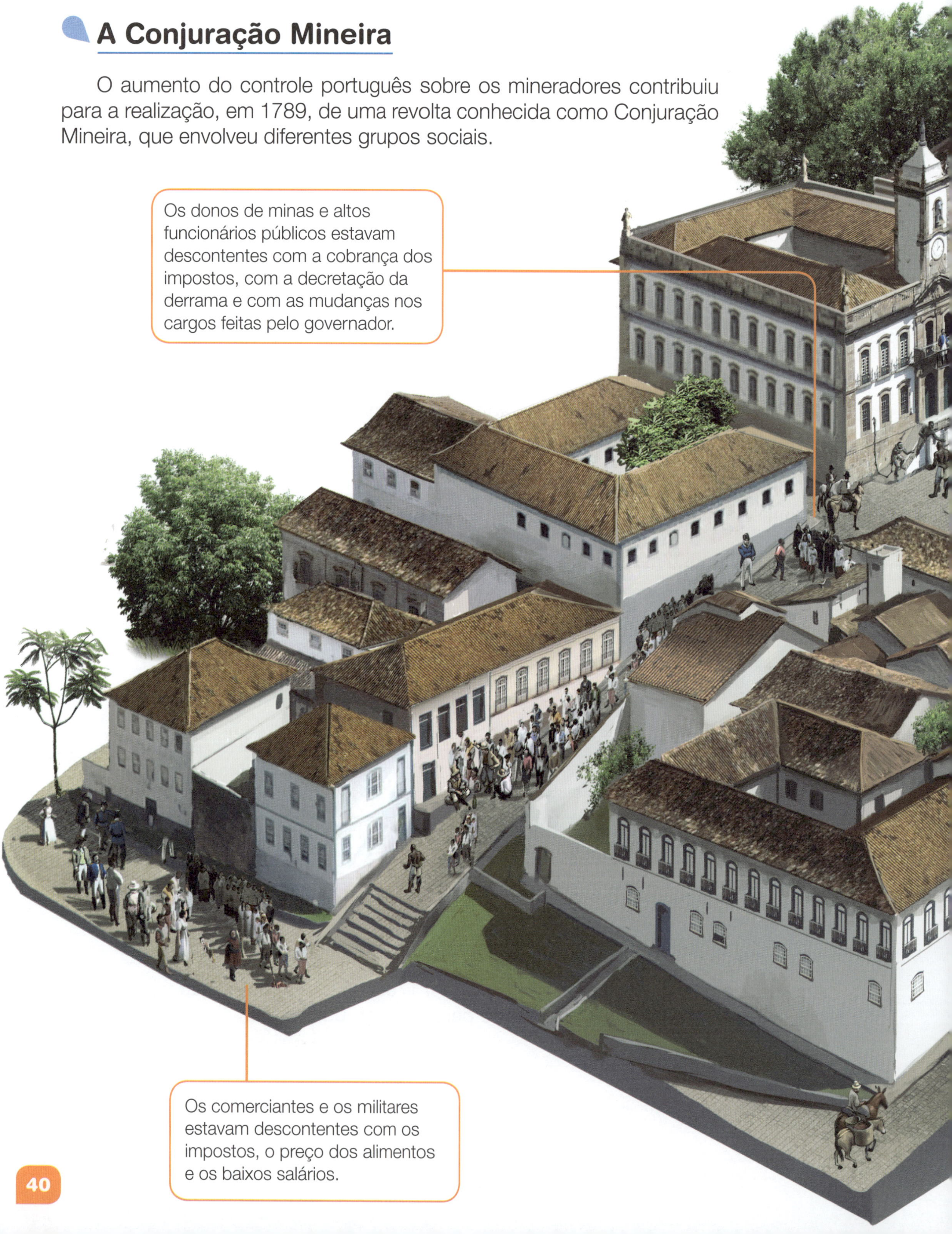

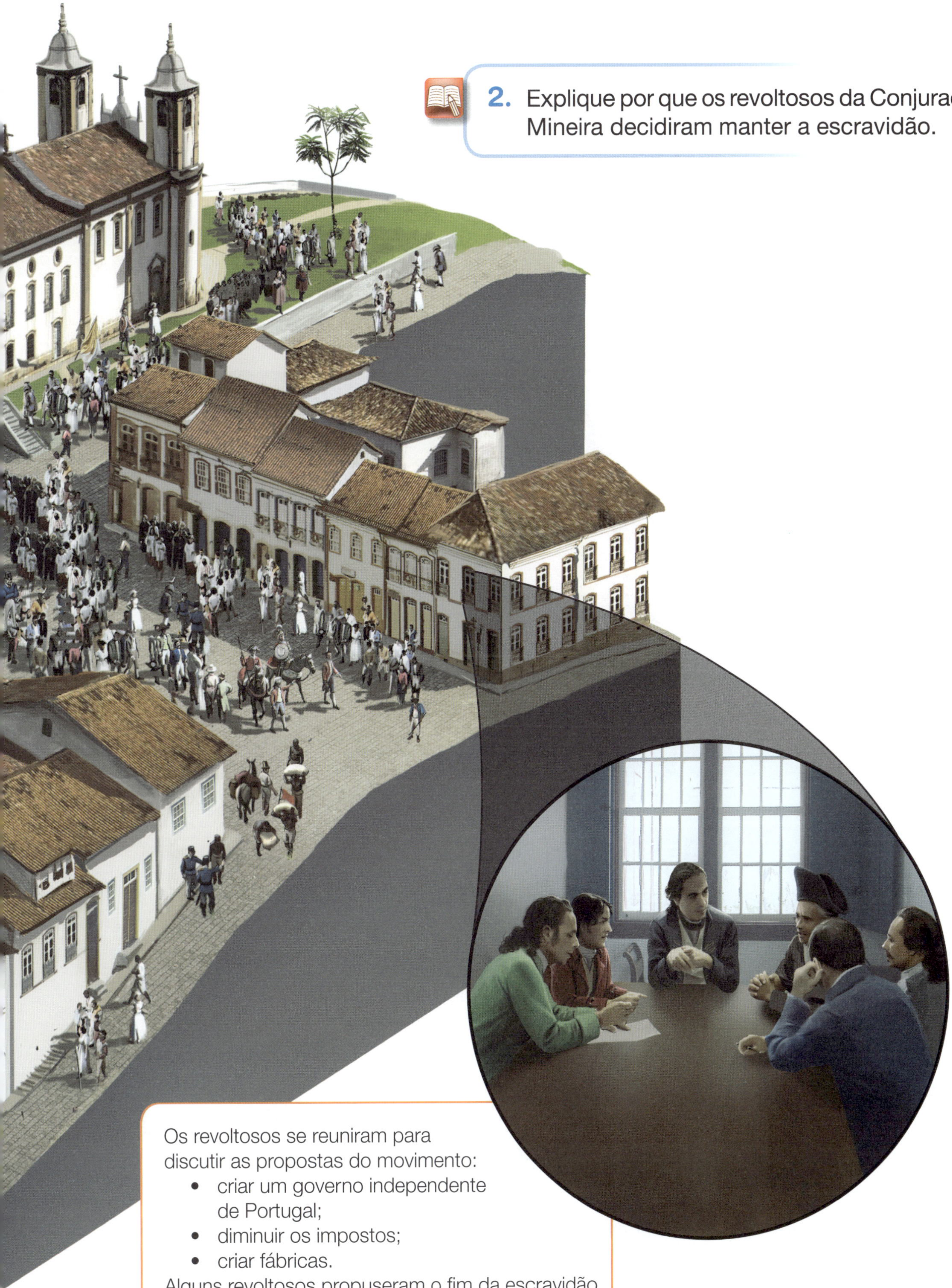

2. Explique por que os revoltosos da Conjuração Mineira decidiram manter a escravidão.

Os revoltosos se reuniram para discutir as propostas do movimento:

- criar um governo independente de Portugal;
- diminuir os impostos;
- criar fábricas.

Alguns revoltosos propuseram o fim da escravidão, mas, como a maioria possuía escravos, eles decidiram manter a escravidão.

A data da revolta deveria coincidir com a decretação da nova derrama, para aproveitar o descontentamento da população. Porém, os revoltosos foram denunciados ao governador da capitania de Minas Gerais.

O governador suspendeu a derrama e prendeu os participantes da revolta. Os revoltosos – que eram na sua maioria ricos – foram condenados a sair do Brasil e nunca mais voltar.

Apenas um dos revoltosos, o militar Joaquim José da Silva Xavier, foi enforcado, em 21 de abril de 1792. Ele era um dos revoltosos mais pobres e tinha o apelido de Tiradentes, por ter exercido o ofício de "tirador de dentes" antes de ser militar.

Eduardo Sá. *A leitura da sentença de Tiradentes*, século XIX.

Um passo a mais...

Você e os colegas da classe vão organizar uma dramatização sobre a Conjuração Mineira.

Grupo 1– Atores

- Esse grupo deve criar os diálogos para todos os personagens com os motivos da participação na revolta e as propostas que defendiam. Incluir, também, falas para o governador da capitania de Minas Gerais.

Grupo 2 – Cenógrafos

- Utilizando materiais de sucata, os membros desse grupo devem montar cenários representando os locais onde ocorreram os fatos.

Grupo 3 – Figurinistas

- Os membros desse grupo devem criar roupas para cada personagem, utilizando roupas usadas e outros materiais.

Boa apresentação!

9. Lutas na Bahia

Nos primeiros séculos da dominação portuguesa, Salvador foi a capital do Brasil, onde viviam os principais governantes. Em 1763, a capital foi transferida para o Rio de Janeiro.

Apesar dessa mudança, Salvador continuou sendo uma das cidades mais importantes do Nordeste. Isso ocorreu porque lá havia um porto pelo qual era embarcado o açúcar produzido na capitania da Bahia e em outras capitanias vizinhas, e por onde chegavam produtos vindos de Portugal.

No final do século XVIII e início do XIX, a cidade de Salvador concentrava uma grande população, que envolvia três grupos principais.

Escravos

Constituíam a maioria da população, incluindo escravos domésticos e aqueles que trabalhavam no comércio e no artesanato.

Livres e pobres

Segundo maior grupo, incluía os ex-escravos que compravam a sua liberdade, chamados forros, seus descendentes e os colonos pobres. Também trabalhavam no comércio e no artesanato.

Livres e ricos

Grupo pequeno que incluía os colonos ricos, donos de engenhos de açúcar e de grandes companhias de comércio e as autoridades portuguesas.

Maria Callcot. *Vestimentas*. Bahia, 1810.

Nas ruas de Salvador esses grupos sociais criavam diversas formas de convivência.

> As ruas eram espaços de sobrevivência, de lazer e de convívio. Era nesta vida social e coletiva que o escravo definia suas relações de solidariedade, fazia amigos e criava grupos de apoio, particularmente por meio do trabalho.
>
> No trabalho, homens e mulheres criavam os chamados "cantos", locais da cidade, em geral esquinas, onde forros e escravos de mesmo ofício e nação ofereciam seus serviços. Eram locais onde os mesmos escravos encontravam-se cotidianamente. Teciam objetos artesanais, como chapéus de palha, gaiolas de passarinho e objetos de couro, enquanto aguardavam sua clientela. Muitos desses "cantos" tornaram-se depois organizações de escravos.
>
> Havia várias formas de organização coletiva dos escravos e libertos. As principais foram as associações de ajuda mútua, as sociedades de alforria* e as confrarias* religiosas.
>
> Júlio Maria Neres (et al.). *Negro e negritude*. São Paulo: Loyola, 1997. p. 83.

Maria Callcot. *Vendedora de frutas* e *Vendedora de estampas*. Bahia, 1810.

1. Grife no texto conforme a legenda:

- [rosa] O que eram os cantos e quem convivia neles.
- [amarelo] Qual sua importância.

Conjuração Baiana

Os escravos e os livres e pobres de Salvador tinham dificuldade de obter alimentos, por causa do seu alto preço. Por isso, em 1797, eles realizaram invasões de armazéns e ataques a carregamentos de alimentos, como carne e farinha, destinados aos grandes proprietários de terras.

No ano seguinte, as revoltas em Salvador aumentaram. Liderado por alfaiates e soldados, um grupo de escravos, forros e colonos pobres escreveu um manifesto em que exigia o fim da escravidão, a separação de Portugal, a melhoria dos salários e a liberdade de comércio.

Os líderes da revolta – que ficou conhecida como Conjuração Baiana – foram presos pelas autoridades portuguesas. Quatro deles acabaram sendo enforcados e esquartejados; os demais permaneceram presos ou foram expulsos do país.

2. Junte-se a um colega e comparem os objetivos dos revoltosos que participaram das conjurações Baiana e Mineira, identificando uma:

a) Semelhança.

____

____

____

b) Diferença.

____

____

____

3. Retomem os grupos que participaram de cada uma dessas revoltas e expliquem os possíveis motivos da diferença identificada na questão anterior.

____

____

____

____

____

10. De Portugal ao Brasil

A.P.D.G. *Dia na Corte do Rio de Janeiro*, 1826.

Em 1808, D. João, príncipe regente de Portugal, e sua família se instalaram no Rio de Janeiro, devido a conflitos que estavam ocorrendo na Europa.

Com a morte de sua mãe, a rainha D. Maria I, o príncipe foi coroado rei, com o título de D. João VI.

D. João extinguiu o cargo de governador-geral e passou a controlar diretamente a administração colonial, auxiliado por três ministros principais: o ministro da Marinha e Ultramar, ministro da Guerra e Assuntos Estrangeiros e ministro do Reino.

1. Elabore um organograma sobre o governo estabelecido por D. João VI. Se necessário, consulte o formato de organograma na página 17.

Depois da vinda da família real para o Brasil ocorreram algumas mudanças no Rio de Janeiro, que continuou sendo a capital do Brasil. Porém, algumas coisas permaneceram como eram antes dessa chegada.

Uma das mudanças foi o crescimento da cidade com a construção de novas moradias e estabelecimentos comerciais, além do aumento do número de habitantes.

Outra mudança importante foi o fim da proibição da imprensa, o que permitiu o surgimento dos primeiros jornais, como a *Gazeta do Rio de Janeiro*.

No entanto, se muita coisa mudara, outras permaneciam como antes. Pelo porto da cidade continuavam sendo exportados basicamente artigos coloniais, como o açúcar. E a principal mercadoria que por ele entrava ainda eram os escravos negros vindos da África.

Contudo, o que caracterizava o Rio de Janeiro como uma cidade colonial, apesar de todas as mudanças, era a permanência da escravidão. Os escravos estavam em todos os lugares e em todas as ocupações e constituíam a maioria da população.

Texto reescrito a partir de Ilmar Rohloff de Mattos (et al.). *O Rio de Janeiro, capital do reino*. São Paulo: Atual, 1995. p. 36-37.

Jean-Baptiste Debret. *Vista da Praça do Palácio*, 1834-1839.

2. Liste as mudanças e permanências no Rio de Janeiro depois da vinda da família real portuguesa.

Mudanças	Permanências

Comparar diferentes interpretações

Os historiadores têm diferentes interpretações sobre a vinda de D. João para o Brasil.

Visão 1

Alguns historiadores defendem que a vinda de D. João foi positiva para o Brasil, pois teria contribuído para manter o imenso território brasileiro unido. Eles afirmam que, se D. João não tivesse vindo para o Brasil, o território poderia ter sido dividido em vários países, o que, na visão deles, seria ruim para os brasileiros.

Visão 2

Outros historiadores afirmam que a vinda de D. João foi negativa para o Brasil, pois teria contribuído para manter a escravidão e a exploração da maioria da população por uma minoria. Além disso, teria aumentado a corrupção dos funcionários do governo e o uso do dinheiro público para benefício dos governantes.

Henry Chamberlain. *Mercado de escravos*, 1822.

1. O professor organizará um debate sobre a vinda de D. João para o Brasil. Alguns grupos apresentarão argumentos daqueles que consideram essa vinda positiva e outros apresentarão os argumentos daqueles que consideram essa vinda negativa.

Bom debate!

2. Registre os principais argumentos levantados durante o debate.

11. Resistência indígena

No início do século XIX, os colonos portugueses ocuparam as terras pertencentes ao povo indígena Botocudo.

> Além da introdução da pecuária, outro objetivo que provocava fortes reações por parte dos índios era a criação de corredores de comércio entre a região e Minas Gerais.
>
> Os índios não aldeados* eram motivo de preocupação constante e de combate sistemático, e suas reações se faziam presentes nos ataques aos empreendimentos da família Costa/Miranda. Os aldeados tinham como principal prática de reação a fuga sistemática dos aldeamentos e a volta para o sertão.
>
> Maria H. Paraíso. Os botocudos e sua trajetória histórica. Em Manuela Carneiro da Cunha. *História dos índios no Brasil*. São Paulo: Companhia das Letras, 1992. p. 417.

Maximiliano de Weid-Neuwied. *Índios botocudos*, 1816.

1. Preencha o esquema.

Ações dos colonos

Reações dos indígenas não aldeados

Reações dos indígenas aldeados

As autoridades portuguesas apoiavam os colonos nas lutas contra os índios botocudos, que resistiam à invasão de suas terras, como mostra uma carta de 1808.

Jean-Baptiste Debret. *Botocudos*, 1834-1839.

Pedro Maria Xavier de Ataíde e Mello, do meu Conselho, Governador e Capitão General da Capitania de Minas Gerais. Amigo.

Eu, o Príncipe Regente, vos envio muito saudar.

Havendo-me sido presente a carta que me foi dirigida pela Junta que convocastes nessa Capitania, para execução da Carta Régia de 13 de Maio do corrente ano, em que ordenei a guerra ofensiva contra os índios Botocudos, e outras providências para a navegação do Rio Doce [...]

O que tudo assim haveis entendido, e fareis executar na forma que deixo ordenado. Escrita no Palácio do Rio de Janeiro em 24 de Agosto de 1808. PRÍNCIPE

Leis históricas. Disponível em: www.planalto.gov.br/ccivil_03/revista. Acesso em: 4 out. 2008.

2. Preencha a ficha sobre a carta.

- Ano e local em que foi escrita:

____

- Autor:

____

- Para quem ela foi enviada:

____

- Assunto da carta:

____

3. Imagine que você era um índio botocudo em 1808 e escreva uma carta ao rei de Portugal. Inclua:

- As ações dos colonos em suas terras.
- As reações do seu povo a essas ações.
- O que o rei determinou.
- Sua opinião sobre a ação do rei.

Senhor rei,

Você sabia?

O povo Botocudo vivia no interior das capitanias de Minas Gerais e da Bahia. Esse nome foi atribuído a eles pelos portugueses por causa dos botoques, rodelas de madeira que os membros desse povo utilizavam no lábio inferior e nas orelhas.

Atualmente

A perseguição aos índios botocudos determinada pelas autoridades portuguesas provocou a morte de muitos índios, levando esse povo quase ao extermínio.

Leia uma reportagem de 2005 sobre um grupo indígena atual descendente dos Botocudos.

http://www.agenciabrasil.gov.br

Índios Krenak e Vale do Rio Doce negociam compensações por construção de hidrelétrica

A construção da hidrelétrica, que começou em 1998, seria responsável por novos prejuízos para a comunidade indígena. Entre eles, a redução no número de peixes no rio e até mesmo a extinção de algumas espécies. [...]

A tribo indígena Krenak tem cerca de 50 famílias, que reúnem 250 pessoas. Elas vivem em um território de 4 mil hectares, na margem esquerda do rio Doce. Com o dinheiro da indenização pela construção da hidrelétrica, as famílias pretendem investir em projetos de desenvolvimento sustentável.

Os Krenak afirmam ser descendentes dos famosos índios botocudos, praticamente exterminados durante a colonização portuguesa. Nômades* e guerreiros, eles transitavam em diferentes áreas ao longo do rio Doce em atividades de caça e coleta de alimentos.

Juliana Cézar Nunes. Índios Krenak e Vale do Rio Doce negociam compensações por construção de hidrelétrica. Disponível em: www.agenciabrasil.gov.br. Acesso em: 4 out. 2008.

4. Cite o nome do grupo indígena e explique o problema vivido por ele.

____

____

____

Investigue

Procure descobrir se existem comunidades indígenas vivendo próximo da localidade em que você mora. Conte aos colegas o que você descobriu.

12. Lutas pela independência

O governo de D. João VI foi apoiado por fazendeiros e grandes comerciantes do Rio de Janeiro devido ao desenvolvimento econômico dessa capitania.

Contudo, os grandes proprietários e comerciantes das demais capitanias criticavam o governo de D. João, afirmando que ele aumentou a cobrança de impostos e não apoiou o desenvolvimento de suas capitanias.

Essa insatisfação gerou várias revoltas. A principal foi a Insurreição Pernambucana, ocorrida em 1817. Essa revolta teve a participação de grandes fazendeiros, comerciantes e intelectuais e contou com o apoio de parte dos militares.

A revolta teve início em Pernambuco e atingiu também as capitanias da Paraíba e Rio Grande do Norte. Os líderes declararam a independência em relação a Portugal.

O governo de D. João enviou tropas do Rio de Janeiro para atacar os revoltosos de Pernambuco, Paraíba e Rio Grande do Norte. Os líderes da revolta foram presos e alguns foram mortos.

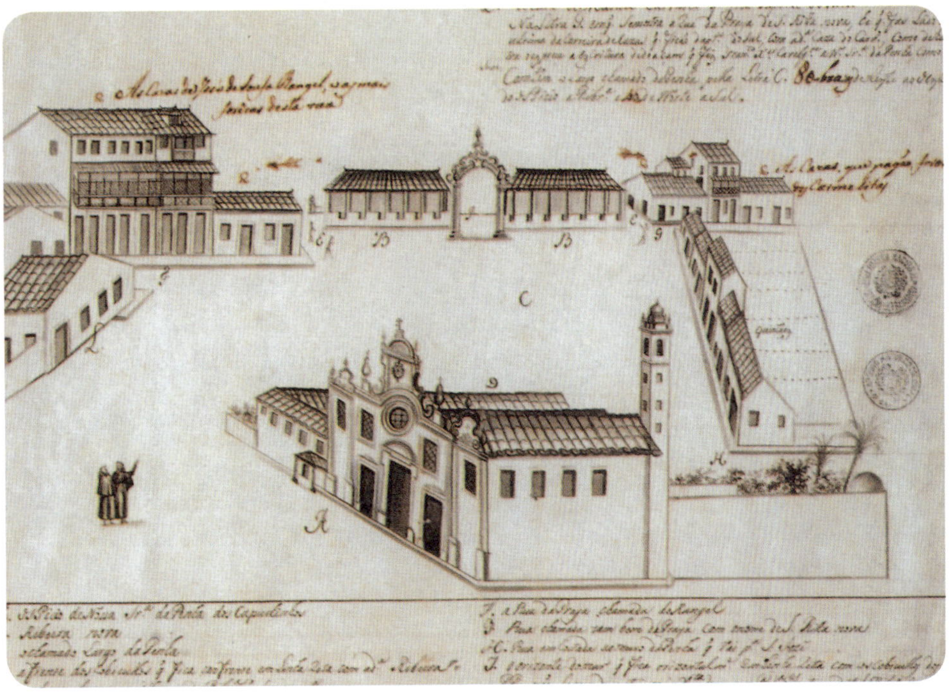

Autor anônimo. *Recife*, 1800.

1. Grife no texto de acordo com a legenda.

- Grupos que participaram da revolta de 1817.
- O que eles fizeram.
- A reação do governo de D. João.

Fim do controle português

Além das revoltas no Brasil, D. João VI foi pressionado por um movimento ocorrido em Portugal, em 1820, que exigia seu retorno e o aumento da exploração sobre o Brasil. D. João VI retornou a Portugal e deixou seu filho D. Pedro comandando o Brasil.

Os grandes fazendeiros e comerciantes do Rio de Janeiro e de outras capitanias do Brasil apoiaram o governo de D. Pedro, procurando influenciar suas decisões.

Eles pretendiam se libertar do controle português e passar a controlar o governo do Brasil.

Em 7 de setembro de 1822, apoiado pela maior parte dos grandes fazendeiros e comerciantes, D. Pedro declarou a independência do Brasil em relação a Portugal.

Jean-Baptiste Debret. *A partida da Corte do Rio*, 1834-1839.

2. Explique os motivos que levaram os grandes fazendeiros e comerciantes a apoiar D. Pedro na declaração da independência.

____

____

____

____

Alguns historiadores consideram que a declaração da independência, em 1822, significou uma grande mudança para os brasileiros. Eles destacam que o Brasil deixou de ser governado por Portugal e passou a ter seu próprio governo.

Porém, outros historiadores não concordam com essa interpretação.

> Para milhões de brasileiros, quase nada mudou:
>
> - A escravidão não acabou. Os escravos, cerca de metade da população na época, continuaram a viver como antes: produzindo riquezas e recebendo castigos.
> - O Brasil continuou sendo governado por um monarca (rei) que, ao morrer, deveria passar o cargo para um familiar.
> - As terras continuaram nas mãos dos grandes fazendeiros, os maiores beneficiados.
>
> Alfredo Boulos Jr. *7 de setembro, o que mudou?* São Paulo: FTD, 1990. p. 19-20.

Jean-Baptiste Debret. *Aclamação de D. Pedro*, século XIX.

3. Imagine um diálogo entre um escravo e um fazendeiro sobre o que mudou e o que não mudou com a declaração da independência do Brasil. Registre esse diálogo.

Explorar fontes históricas

O momento em que D. Pedro teria declarado a independência do Brasil foi retratado por diversos pintores.

1. Observe uma dessas pinturas:

Pedro Américo. *Independência ou Morte*, 1888.

- Localize os diversos personagens representados na pintura.

a) Qual a posição ocupada por D. Pedro?

____

b) Para onde estão olhando todos os demais personagens?

____

2. Leia um texto sobre essa obra.

O pintor alterou o terreno colocando uma elevação onde D. Pedro estaria e destacou o riacho do Ipiranga. Ele também trocou as raças dos cavalos para dar maior elegância a D. Pedro e à comitiva e mudou os trajes e chapéus para demonstrar luxo e poder.

Reescrito a partir de Cecília Helena de S. Oliveira. *Sete de setembro de 1822: independência e memória nacional*. São Paulo: Nacional, 2005. p. 64-65.

- Segundo o texto, o pintor representou a cena exatamante como ela aconteceu? Explique.

____

____

3. Observe agora outra pintura que representa o mesmo fato.

François-René Moreaux. *Proclamação da Independência*, 1844.

- Compare essa pintura com a da página anterior e identifique.

a) Semelhanças.

____

b) Diferenças.

____

____

____

____

4. Leia o texto do historiador José Murilo de Carvalho.

Moreaux altera mais radicalmente as figuras e o cenário. D. Pedro monta um cavalo, mas ergue o chapéu em vez da espada. Não está em posição mais alta, cercado de soldados, mas no meio de gente do povo, de mulheres e de crianças descalças que ocupam a frente da cena. O clima é de alegria festiva e não de exaltação patriótica.

Nenhum dos dois pintores representou com exatidão os fatos, como, aliás, querendo ou não o artista, sempre acontece.

José Murilo de Carvalho. Os esplendores* da imortalidade. Em: *Folha online – Brasil 500 d.C.* Disponível em: http://www1.folha.uol.com.br/fol/brasil500/brasil500dc.htm. Acesso em: 24 ago. 2009.

- Segundo o texto, qual dos pintores representou a cena com exatidão? Explique.

____

Refletindo mais

O que comiam os colonos?

Conheça um pouco sobre a alimentação dos colonos que viveram no Brasil no século XVIII.

Antes de o sol nascer fazia-se o desjejum*.

Nas vilas melhores, nas fluminenses e vicentinas, servia-se pão de trigo. Entre os pobres, que precisavam de força para o trabalho, o desjejum obtinha o reforço de batata-doce, mandioca cozida e a jacuba – água fria açucarada ou com farinha de milho.

O almoço era servido bem cedo, por volta das 8 horas. Não podia faltar a farinha de mandioca, o pão da terra. Se pouco torrada, ganhava a mistura de um líquido, leite ou água. De vez em quando, doce ou salgado, o bolo assado, de farinha de mandioca. À medida que o monjolo* se espalhava para o interior, surgiam pratos de milho e de arroz. Farinha e canjica. No litoral, arroz, mariscos, milho, peixes. Bananas e laranjas, na mistura. Pelo sertão, peixes, se houvesse rio próximo. Mas, sempre, mandioca, sob diversas formas de apresentar. E feijão com carne de porco. Carne fresca no dia do abate ou conservada por uma semana em meio à banha do próprio animal. Faltando a carne, serviam-se torresmos. Comumente, chouriço, linguiça, toucinho e fartura de ovos. Caldo de feijão por cima de tudo, até do quibebe – abóbora temperada com um pouco de açúcar e gordura. [...]

O jantar era oferecido seis horas depois do almoço. Portanto, entre as 13 e as 14 horas. Voltavam à mesa os pratos da refeição anterior. Com mais um assado e verduras, conforme a época. No tempo do milho, a mesa ostentava o mingau com cambuquira*, o curau, a pamonha. Aos domingos, abundância de carnes. Sobremesas, as do almoço.

A ceia era servida ao escurecer, à hora da Ave-Maria. À disposição, tudo o que fora oferecido às 8 e às 13 horas. Melado com mandioca melhorava a oferta de sobremesas.

Reescrito a partir de Hernani Donato. *História de usos e costumes do Brasil*. São Paulo: Melhoramentos, 2005. p. 202-203.

1. Na página a seguir, escreva ao lado de cada uma das refeições os horários em que os colonos do século XVIII as realizavam.

2. Destaque as imagens da página 123 e cole-as nos locais correspondentes às refeições feitas pelos colonos.

Desjejum: ____________________

Almoço: ____________________

Jantar: ____________________

Ceia: ____________________

3. Liste os alimentos que você costuma consumir em cada uma das refeições do dia e o horário em que as realiza.

4. Identifique semelhanças e diferenças entre as suas refeições e as dos colonos do século XVIII.

UNIDADE 3

Nos tempos da monarquia

As mudanças na organização política do Brasil influenciaram na formação do território brasileiro.

O Brasil após a independência

Após a independência em relação a Portugal, em 1822, o Brasil passou a ser dividido em províncias. A capital continuou sendo o Rio de Janeiro, chamado município neutro.

Victor Frond. *Rio de Janeiro* (detalhe), 1861.

O Brasil atualmente

Após 1889, o Brasil passou a ser dividido em estados e sua capital continuou sendo o Rio de Janeiro, chamado Distrito Federal. Atualmente, o Brasil continua dividido em estados e o Distrito Federal é Brasília, para onde a capital foi transferida em 1960.

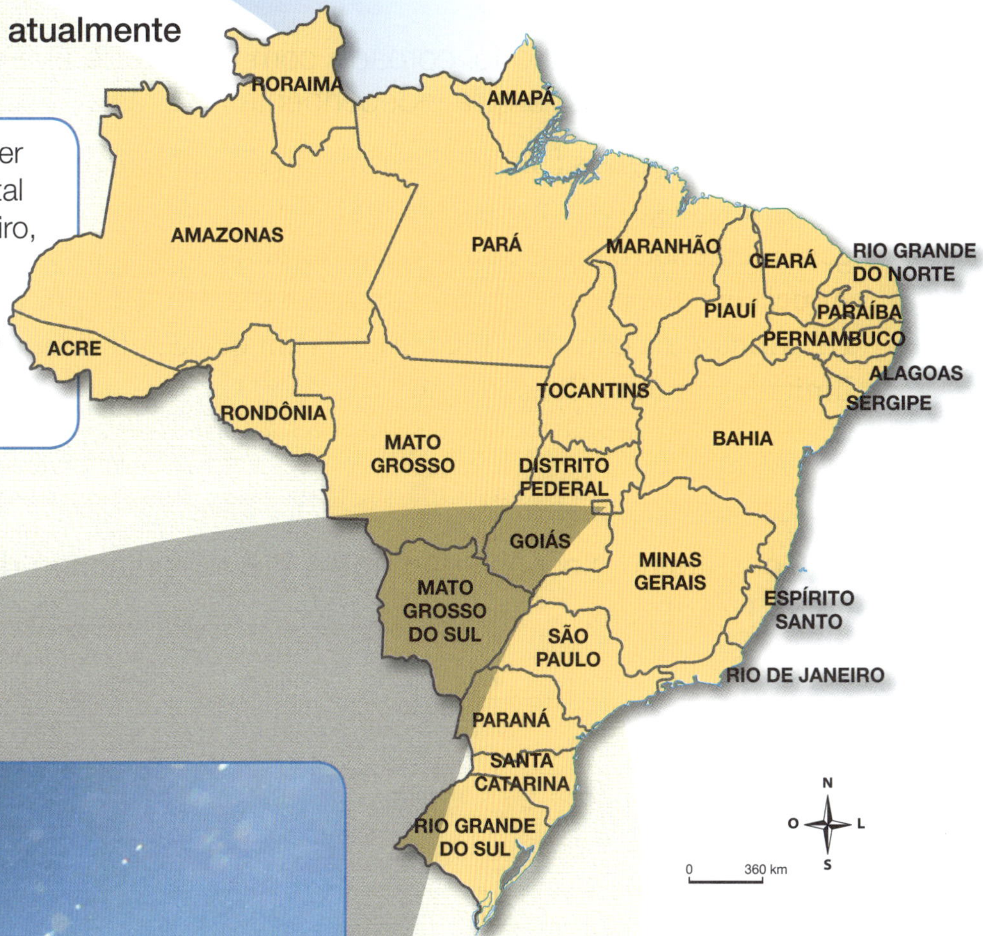

Foto de Brasília, 2009.

Primeiros contatos

1. Localize, no mapa do Brasil atual, o estado em que você vive.
   - Esse território sofreu mudanças em relação ao mapa do Brasil após a independência? Quais?

13. Monarquia e Constituição

Após 1822, D. Pedro foi coroado com o título de D. Pedro I e teve início o período da monarquia independente no Brasil.

> MONARQUIA s.f. Estado cuja organização política estabelece a existência de um só governante. I. Estado dirigido por um rei ou um imperador, geralmente sob o regime de governo hereditário*. II. Monarquia absoluta. Aquela em que o poder do monarca não é controlado por nenhum outro. III. Monarquia constitucional. Aquela em que a autoridade do príncipe é limitada por uma Constituição*.
>
> Antonio Houaiss (dir.). *Pequeno dicionário enciclopédico Koogan Larousse*. São Paulo: Larousse do Brasil, 1979.

D. Pedro I.

1. Consulte no glossário da página 118 o significado dos termos:

a) Hereditário.

____

____

b) Constituição.

____

____

2. Classifique as frases conforme a legenda:

- MC — Só na monarquia constitucional.
- M — Nas duas formas de monarquia.
- MA — Só na monarquia absolutista.

- [ ] O poder do governante não é limitado por nenhum outro poder.
- [ ] Existe um governante, chamado rei, imperador, monarca ou príncipe.
- [ ] O poder do governante é limitado por uma Constituição.

3. Atualmente, o Brasil é uma monarquia? Por que você concluiu isso?

____

____

As leis vigentes no Brasil, até 1822, eram feitas pelos governantes portugueses. Depois da independência, foi necessário elaborar uma Constituição que determinasse os direitos e deveres e a nova forma de governo.

Em 1823 foi eleita uma assembleia composta em sua maioria por representantes dos grandes fazendeiros e comerciantes para elaborar a primeira Constituição do Brasil.

Bandeira do império.

O projeto elaborado por essa assembleia tinha como características principais:

- O voto censitário, isto é, apenas as pessoas mais ricas podiam votar.
- A monarquia constitucional como forma de governo, pois o imperador tinha seus poderes limitados. Os deputados aumentavam seus poderes, controlando as Forças Armadas.

Willcock. *Abertura dos trabalhos da Assembleia Constituinte*, 1823.

Porém, D. Pedro I não aceitou o projeto de Constituição que estava sendo elaborado e dissolveu a assembleia.

Em 1824, usando seu poder, D. Pedro I impôs ao país uma Constituição elaborada por algumas pessoas escolhidas por ele.

A Constituição de 1824 mantinha a escravidão e estabelecia que podiam votar apenas os homens maiores de 25 anos que tivessem uma renda alta.

4. Quem não podia votar pelas regras da Constituição de 1824?

____

____

A Constituição de 1824 determinava, também, que a forma de governo do Brasil seria a monarquia constitucional, com a divisão em quatro poderes, como mostra o organograma.

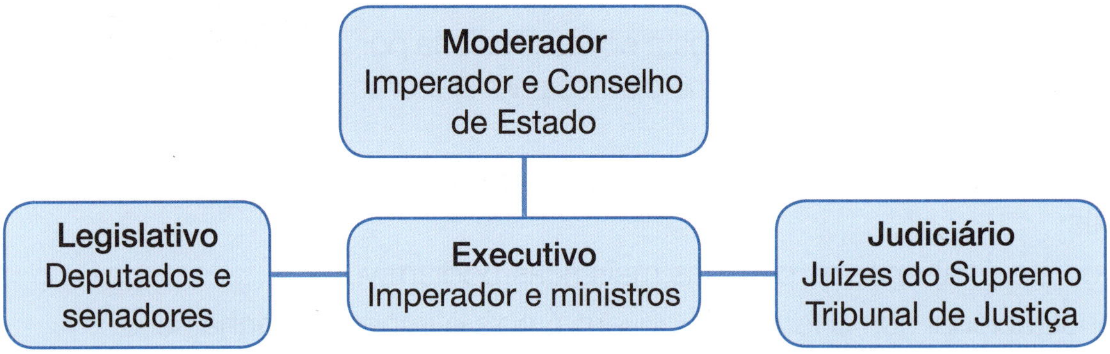

O Poder Moderador estava acima dos demais poderes, pois podia interferir neles. O imperador e seus conselheiros interferiam na escolha de alguns senadores (Legislativo) e juízes (Judiciário). Assim, na prática, o Poder Moderador comandava os demais poderes.

5. Segundo a Constituição de 1824, o imperador tinha muito ou pouco poder? Explique.

____

____

6. Explique as frases.

a) Após a independência, a forma de governo adotada na Constituição de 1824 foi a monarquia constitucional.

____

____

____

____

b) Na prática, o Brasil era uma monarquia absoluta.

____

____

____

Outorgada ou promulgada?

A Constituição define os direitos e deveres das pessoas, a forma de divisão dos poderes, quem tem e quem não tem direito de votar. Por isso, ela é a lei mais importante de um país.

As Constituições podem ser elaboradas de diferentes formas.

Quando uma Constituição é elaborada por uma Assembleia Constituinte, dizemos que ela foi promulgada.

Quando uma Constituição é imposta pelos governantes sem nenhum tipo de consulta ao povo, dizemos que ela foi outorgada.

Texto reescrito com base em Álvaro de Vita. *Nossa Constituição*. São Paulo: Ática, 1989. p. 18.

7. Em qual dos tipos de Constituição pode ser classificada a de 1824? Explique.

____

____

8. Imaginem que vocês estejam participando de uma Assembleia Constituinte que deverá elaborar as leis de um país.

- Quais as regras para definir quem pode votar?

____

____

____

____

9. O professor ou a professora organizará um debate sobre as regras que cada grupo criou.

- Quando solicitados, contem aos colegas as regras que vocês criaram.
- Citem os argumentos para defender essas regras.
- Ouçam as regras e os argumentos dos colegas.

14. Poder e revoltas

A Constituição de 1824 substituiu a divisão político-administrativa do Brasil em capitanias pela divisão em províncias.

O poder estava centralizado nas mãos do imperador, que vivia no Rio de Janeiro e escolhia os governantes de cada província, chamados presidentes. Ele podia trocar os presidentes das províncias que tomassem decisões que não lhe agradassem. Além disso, o imperador determinava a forma de cobrança dos impostos sobre as mercadorias vendidas em todas as províncias.

Essa Constituição sofreu críticas de pessoas que viviam em diferentes províncias e se consideravam prejudicadas pelo controle que o imperador exercia sobre os governantes locais.

Jean-Baptiste Debret. *Coroação de D. Pedro I* (detalhe), 1828.

Elas defendiam que os presidentes das províncias deviam ser escolhidos pelos próprios moradores de cada província. Também queriam que esses governantes tivessem liberdade de tomar decisões sobre os problemas das províncias – como a cobrança de impostos – sem a interferência do imperador.

1. Crie um diálogo entre o imperador e o governante de uma província que questionava o controle do poder pelo imperador.

____

____

____

____

____

____

____

Confederação do Equador

Em 1824 ocorreu uma revolta em Pernambuco. Os revoltosos produziram um documento com suas propostas.

> 4º A todo homem é livre manifestar os seus sentimentos e a sua opinião sobre qualquer objeto.
>
> 5º A liberdade da imprensa, ou outro qualquer meio de publicar estes sentimentos, não pode ser proibida, suspensa nem limitada.
>
> 6º A igualdade consiste em que cada um possa gozar* dos mesmos direitos.
>
> 7º A lei deve ser igual para todos, recompensando ou punindo, protegendo ou reprimindo.
>
> Rubim de Aquino (et al.). *Sociedade brasileira: uma história através dos movimentos sociais.* Rio de Janeiro: Record, 1999. p. 432.

Johann Moritz Rugendas. *Reunião em Pernambuco*, 1824-1825.

O movimento, chamado de Confederação do Equador, foi massacrado pelas tropas enviadas pelo imperador e vários de seus líderes foram mortos.

Porém, as críticas a D. Pedro I continuaram ocorrendo em todo o Brasil. Com o aumento da pressão, ele renunciou ao cargo em 1831 e foi para Portugal, deixando como herdeiro do trono seu filho Pedro de Alcântara, de apenas 5 anos de idade.

Por causa da idade do herdeiro do trono, Pedro de Alcântara, os deputados e senadores escolheram algumas pessoas para governar em seu nome, chamadas de regentes. O período de governo dos regentes ficou conhecido como período regencial.

2. Releia os artigos do documento dos revoltosos de 1824 e responda: eles estavam de acordo com a Constituição? Explique.

____

____

____

Revoltas do período regencial

No período regencial ocorreram revoltas em várias províncias do Brasil.

Cabanagem – 1835-1840

Os revoltosos eram escravos e mestiços explorados pelos grandes fazendeiros. A revolta incluiu também alguns comerciantes e fazendeiros descontentes com o governante da província, escolhido pelos regentes.

Os revoltosos chegaram a assumir o governo da província, mas foram reprimidos pelas autoridades. Milhares de pessoas foram mortas.

Farroupilha – 1835-1845

Essa revolta foi liderada pelos fazendeiros, que estavam descontentes com os impostos e com o governante escolhido pelos regentes.

A revolta durou dez anos e só terminou em 1845, após o fim do período regencial.

3. Compare os objetivos das cinco revoltas citadas. Cite um objetivo que aparece:

a) Na maioria das revoltas.

____

____

b) Em apenas uma revolta.

____

____

Balaiada – 1838

Participaram do movimento milhares de homens pobres, inclusive escravos, que lutavam contra a exploração dos fazendeiros. No início, alguns fazendeiros também se revoltaram, pois lutavam contra o governante escolhido pelos regentes.

Porém, quando o exército atacou os revoltosos, os fazendeiros se retiraram e apoiaram a repressão e a morte dos líderes da rebelião, terminando com o movimento.

Sabinada – 1835

Esse movimento foi realizado por alguns intelectuais e comerciantes que estavam descontentes com o presidente da província.

O governante da província reprimiu o movimento com a ajuda de tropas vindas do Rio de Janeiro e acabou com a revolta.

Revolta dos Malês – 1835

Essa revolta incluiu centenas de escravos que lutavam contra a escravidão.

O movimento foi violentamente reprimido pela polícia e por civis armados que temiam a possibilidade de sucesso dos escravos.

15. Disputas políticas

Em razão do aumento das revoltas e visando reforçar a autoridade do governo central do Rio de Janeiro, alguns deputados e senadores propuseram que D. Pedro de Alcântara assumisse o poder antes mesmo de completar 18 anos, como estava previsto na Constituição.

Assim, em 1840, ele assumiu o poder com apenas 14 anos de idade. No ano seguinte, foi coroado imperador e recebeu o título de D. Pedro II.

Durante seu governo, chamado Segundo Reinado, continuou em vigor a Constituição de 1824, com direito de voto restrito aos homens com maior renda.

A maioria dos deputados e senadores eleitos eram membros de dois partidos políticos principais.

Partido Conservador

Participavam desse partido principalmente os grandes fazendeiros, comerciantes e intelectuais do Rio de Janeiro, Pernambuco e Bahia.

Seus membros defendiam que o poder ficasse concentrado nas mãos do imperador, dos deputados e senadores do Rio de Janeiro, que tomariam decisões a serem aplicadas em todas as províncias.

Victor Frond. *Fazenda de café no Rio de Janeiro*, 1861.

Partido Liberal

Composto principalmente de grandes fazendeiros, comerciantes e intelectuais de São Paulo, Minas Gerais e do Rio Grande do Sul.

Seus membros defendiam que os governantes das províncias tivessem mais poder para tomar decisões sobre os assuntos locais, sem depender do imperador, dos deputados e senadores do Rio de Janeiro.

Benedito Calixto. *Fazenda de café em São Paulo*, sem data.

1. Vocês vão organizar uma dramatização sobre a política desse período.

- Cada componente do grupo representará um dos seguintes personagens: membro do Partido Conservador, membro do Partido Liberal, mulher, indígena, homem livre e pobre, escravo.
- Retomem o conteúdo identificando se seu personagem pode participar da política. Em caso afirmativo, que propostas ele defende? Em caso negativo, que tipo de mudança ele proporia?
- Criem falas para seus personagens com base na resposta anterior.
- Apresentem aos colegas as falas que criaram e ouçam as deles.
- Montem um roteiro adaptando as falas criadas e organizando sua sequência.
- Ensaiem a apresentação e, se possível, criem cenários e roupas para os personagens.

Apresentem aos colegas dos outros grupos.

Boa apresentação!

Partidos políticos atuais

Pesquise

Você conhece os partidos políticos do Brasil atual?

Junte-se aos colegas do grupo e pesquisem um dos partidos políticos do Brasil atual.

- Sigla do partido

____

- Significado da sigla

____

- Ano de fundação

____

- Principais grupos sociais que fazem parte desse partido

____

____

- Principais propostas defendidas pelo partido

____

____

- Nomes de algumas pessoas que pertencem a esse partido

____

____

Terminado o trabalho, cada grupo vai mostrar aos colegas o resultado da pesquisa por meio de cartazes com desenhos, colagens e textos.

2. Agora que você já conheceu diversos partidos políticos atuais, responda:

- Qual desses partidos tem a melhor proposta para a população brasileira? Por quê?

____

____

____

Um passo a mais...

1. **Agora vocês vão montar uma organização política visando melhorar a sua escola.**
   - Levantem com os colegas alguns pontos que podem ser melhorados.
   - Elaborem propostas da sua organização para melhorar a escola e registrem abaixo.

   ____

   ____

   ____

   ____

2. **Para apresentar suas propostas aos demais colegas:**
   - Criem um nome e um símbolo para a organização política.

   ____

   ____

   - Elaborem um símbolo para a sua organização política.

3. **O professor ou a professora vai organizar um debate entre os representantes de cada organização política. Durante o debate esses representantes apresentarão:**
   - A frase que resume as propostas da organização e seu símbolo.
   - As principais propostas da organização.

   O professor organizará a ordem e o tempo de fala de cada representante, bem como os direitos de resposta.

16. Da escravidão à liberdade

Ao longo do século XIX ocorreram vários fatos que estiveram ligados ao fim da escravidão no Brasil.

1800

1820 Formação de comunidades de escravos fugidos, chamadas quilombos, em diversas províncias.

1831 Aprovação de uma lei que proibia a entrada de novos escravos no Brasil. Contudo, essa lei não foi cumprida.

1835 Revolta de escravos em Salvador, na província da Bahia.

1838 Revolta de escravos em Vassouras, na província do Rio de Janeiro.

1840 Revolta de escravos em Recife, na província de Pernambuco.

Johann Moritz Rugendas. *São Salvador*, 1825-1828.

1850

Proibição definitiva da entrada de novos escravos no Brasil.

1867

Revolta de escravos na província do Maranhão.

1871

Aprovação de uma lei que garantia vários direitos aos escravos:

- Liberdade para os filhos nascidos a partir da data da lei.
- Não separação do casal e dos filhos menores de 12 anos.
- Direito de guardarem dinheiro.
- Direito a comprar sua própria liberdade.

1878

Alguns deputados, senadores e jornalistas lançam uma campanha pela abolição da escravidão por meio de artigos em jornais.

1880

Revolta de escravos em Santos, na província de São Paulo.

1884

Abolição da escravidão nas províncias do Ceará e do Amazonas.

1885

Aprovação de uma lei que libertava os escravos com mais de 65 anos.

1887

Os líderes do exército solicitam ao governo a dispensa de perseguir escravos fugidos.

1888

Abolição definitiva da escravidão no Brasil.

1890

1. Escolham dois fatos citados na linha do tempo e expliquem qual a ligação deles com o fim da escravidão.

a) Fato 1: ____

____

b) Fato 2: ____

____

Comparar diferentes interpretações

Em 13 de maio de 1888 foi aprovada uma lei que determinava a abolição da escravidão no Brasil.

Durante muito tempo, essa data foi considerada um marco importante na história do Brasil, pois teria garantido o fim da desigualdade representada pela escravidão. Por isso, o dia 13 de maio era comemorado todo ano.

Declara extincta a escravidão no Brasil

Cópia da Lei Áurea, que aboliu a escravidão no Brasil.

Quilombo dos Palmares

Fonte: João José Reis e Flávio dos Santos Gomes. *Liberdade por um fio: história dos quilombos no Brasil*. São Paulo: Companhia das Letras, 1996. p. 35.

Porém, muitos participantes do movimento negro afirmavam que a lei aprovada em 13 de maio de 1888 não mudou profundamente a vida dos ex-escravos, pois não previa indenizações, nem garantia a igualdade de todos os brasileiros. Por isso, criticavam a comemoração dessa data. Eles defendiam que a principal comemoração do movimento negro deveria ser em 20 de novembro, dia da morte de Zumbi, líder do quilombo dos Palmares, um dos principais movimentos de resistência contra a escravidão.

1. **Atualmente o dia 20 de novembro – chamado de Dia da Consciência Negra – passou a ser feriado em muitos municípios brasileiros.**

- No seu município, essa data é feriado? Ocorrem comemorações? De que tipo?

17. Fim da monarquia

Na segunda metade do século XIX, os grandes fazendeiros, principalmente os cafeicultores de São Paulo, acumularam grandes fortunas e investiram também em comércio, bancos e indústrias. Eles defendiam o aumento da liberdade dos governantes das províncias para tomar as próprias decisões sem depender do governo central do Rio de Janeiro.

Faculdade de Direito de São Paulo, Militão Augusto de Azevedo, 1862-1863.

O desenvolvimento dessas atividades econômicas garantiu o crescimento da cidade de São Paulo e de outras grandes capitais. Nelas, fortaleceram-se as camadas médias: jornalistas, advogados, médicos, engenheiros, professores, funcionários públicos, comerciantes e militares. Esses grupos também defendiam a liberdade das províncias e o fim da exigência de renda mínima para participar das eleições.

Eles passaram a criticar o governo de D. Pedro II e começaram a expressar suas ideias por meio dos jornais.

A partir de 1870, alguns dos grupos descontentes passaram a defender o fim do governo de D. Pedro II e a transformação do Brasil numa república.

1. Compare as propostas dos grandes fazendeiros e das camadas médias, identificando:

a) Semelhanças.

____

____

____

b) Diferenças.

____

____

____

Além dos grandes fazendeiros de São Paulo e das camadas médias, alguns membros do exército também passaram a criticar o governo de D. Pedro II. Apoiado por esses grupos, o general Deodoro da Fonseca liderou um movimento militar que, em 15 de novembro de 1889, derrubou a monarquia e instaurou a república no Brasil.

2. **Junte-se a um colega e leiam esta definição de república.**

> REPÚBLICA. s.f. 1. Organização política de um Estado com vista a servir à coisa pública, ao interesse comum. 2. Sistema de governo em que um ou vários indivíduos eleitos pelo povo exercem o poder supremo por tempo determinado.
>
> Aurélio Buarque de Holanda Ferreira. *Novo Aurélio século XXI: o dicionário da língua portuguesa*. Rio de Janeiro: Nova Fronteira, 1999.

a) Releiam a definição de monarquia fornecida na página 62, no início da unidade.

b) Agora preencham o quadro comparativo sobre essas formas de governo.

	Duração	Como o poder é transmitido
Monarquia		
República		

c) Atualmente o Brasil é uma república? Expliquem.

3. Elabore uma história em quadrinhos sobre o fim da monarquia. Inclua:

- Os grupos sociais que se fortaleceram na segunda metade do século XIX.
- As semelhanças e diferenças nas propostas desses grupos.
- As diferenças entre república e monarquia.
- Os grupos que participaram e que não participaram da derrubada da monarquia e instauração da república.

Retome as imagens desta unidade para caracterizar as vestimentas dos personagens e crie balões de fala com as propostas e ideias de cada um.

18. Início da república

Pereira Neto. Reunião da Assembleia Constituinte. Em *Revista Ilustrada*, março de 1891.

Após a proclamação da república, foi eleita uma Assembleia Constituinte que elaborou uma nova Constituição para o Brasil, promulgada em 1891.

A Constituição de 1891 transformou as províncias em estados. Também garantiu a liberdade dos seus governantes, impedindo que o governo federal interferisse em suas questões específicas.

O governo federal, segundo a Constituição, passou a ser composto de três poderes. Esses poderes tinham autonomia para realizar suas funções e, ao mesmo tempo, fiscalizar as atividades dos demais.

Legislativo

Responsável por elaborar as leis federais.

Inclui os deputados federais e os senadores.

Executivo

Responsável por executar as leis federais.

Inclui o presidente, o vice-presidente e os ministros.

Judiciário

Responsável por julgar e fiscalizar o cumprimento das leis.

Inclui os ministros dos Supremos Tribunais.

1. Retome na página 64 os poderes definidos pela Constituição de 1824, compare-os com os poderes definidos pela Constituição de 1891 e registre:

a) O que mudou.

____

____

____

b) O que permaneceu.

____

____

____

A Constituição de 1891 também alterou o sistema de votação existente no Brasil.

> A primeira Constituição da República confirmou o direito de voto para os homens maiores de 21 anos e a exclusão dos analfabetos*. Mas o alistamento e o voto não eram obrigatórios. Os principais postos de poder do país passaram a ser preenchidos por intermédio de eleições. [...]
>
> As facções* majoritárias na política local passaram a controlar o processo de alistamento, o que deu margem a toda sorte de fraudes e manipulações para facilitar a inclusão de correligionários* e exclusão dos adversários.
>
> Jairo M. Nicolau. *História do voto no Brasil*. Rio de Janeiro: Jorge Zahar, 2002. p. 26-27.

2. Reúna-se com um colega e discutam: a Constituição de 1891 garantiu a participação nas eleições de toda a população brasileira? Por quê?

____

____

____

3. Como o voto não era obrigatório, as pessoas podiam ou não se alistar como eleitores. Explique por que ocorriam fraudes no alistamento.

____

____

Investigue

Converse com um adulto de sua convivência e pergunte:

- Você é a favor ou contra o voto obrigatório? Por quê?

Conte para os colegas a opinião do adulto com quem você conversou e ouça a que eles obtiveram.

- A maioria dos adultos foi a favor ou contra o voto obrigatório?

Explorar fontes históricas

Os historiadores que investigam as mudanças na política brasileira analisam diversos documentos, como os que aparecem abaixo.

1

REPUBLICA DOS ESTADOS UNIDOS DO BRAZIL

Titulo de eleitor

N. 259

ESTADO DE SÃO PAULO

Comarca de Capital

Municipio de Capital

Districto de paz de quarteirão N. da Sé

NOME DO ELEITOR

Augusto Cesar Nascimento Fº

QUALIFICATIVOS

Edade 21 annos

Estado Solt.

Profissão Empr.

N. DE ORDEM

No alistamento geral 259

" " da revisão 3

Filiação

Data do alistamento

1901

Domicilio

R. 15 de Novembro 37

Assignatura do eleitor

Data e assignatura do juiz de direito

2

REPÚBLICA FEDERATIVA DO BRASIL

TÍTULO ELEITORAL

NOME DO ELEITOR

CLAUDIANA FERNANDES

DATA DE NASCIMENTO 12/04/1978

Nº INSCRIÇÃO D.V. 2502 6134 0116

ZONA 006

SEÇÃO 0383

MUNICÍPIO / UF SÃO PAULO/SP

DATA DE EMISSÃO 24/04/2009

JUIZ ELEITORAL

VALIDO SOMENTE COM MARCA D'AGUA - JUSTIÇA ELEITORAL

1. Preencha a tabela com os dados dos documentos.

	Nome do país	Nome do documento	Para que era utilizado	Ano	Nome da pessoa
Documento 1					
Documento 2					

2. Agora identifique:

a) Semelhanças.

b) Diferenças.

3. Por que esses documentos podem ser utilizados como fontes históricas para o estudo da história do Brasil? Explique.

Refletindo mais

Os direitos e deveres

Nesta unidade você conheceu algumas características das Constituições de 1824 e 1891.

Agora você vai ler um artigo da Constituição atualmente em vigor no Brasil, aprovada em 1988.

Capítulo II
Dos direitos sociais

Art. 6º São direitos sociais a educação, a saúde, o trabalho, a moradia, o lazer, a segurança, a previdência social, a proteção à maternidade e à infância, a assistência aos desamparados, na forma desta Constituição.

Constituição da República Federativa do Brasil. São Paulo: Atlas, 1988. p. 15.

A

B

C

D

1. Que imagens representam direitos que estão sendo respeitados? Por quê?

---

2. Que imagens representam direitos que não estão sendo respeitados? Por quê?

---

3. Converse com um adulto com quem você convive e registre:

- Nome: ____________________
- Idade: ____________________
- Cite um direito de todos os brasileiros. Ele é respeitado? Explique.

- Cite um dever de todos os brasileiros. Ele é respeitado? Explique.

---

4. Seu professor ou professora organizará no quadro uma lista dos direitos e deveres e o número de entrevistados que cada um citou.

- Direito mais citado: ____________________
- Direito menos citado: ____________________
- Dever mais citado: ____________________
- Dever menos citado: ____________________

5. Em sua opinião, por que esses foram os direitos e deveres mais e menos citados pelos entrevistados?

UNIDADE 4

Lutas na república

Ao longo do período republicano, os brasileiros tiveram momentos com maior ou menor liberdade de participar na política.

1 Reunião da Assembleia que elaborou a Constituição de 1934.

2 Militares reprimem passeata de estudantes em 1943.

Primeiros contatos

1. Em sua opinião, quais painéis representam a democracia? Por que você concluiu isso?
2. E quais representam a ditadura? Por quê?

3 Militares reprimem passeata de estudantes em 1968.

4 Reunião da Assembleia que elaborou a Constituição de 1988.

19. Na capital...

Após a república, o Rio de Janeiro continuou sendo a capital do país, passando a ser chamada de Distrito Federal. Ela era governada por um prefeito escolhido pelo presidente.

Os primeiros governantes do Distrito Federal realizaram reformas no centro da cidade, com a abertura de avenidas largas e construção de novos prédios. Para isso, eles mandaram demolir as casas das pessoas mais pobres, que tiveram de construir moradias improvisadas nos morros.

Avenida Central, Rio de Janeiro, 1904.

Avenida Central, Rio de Janeiro, 1905.

Além das reformas nas ruas e moradias, os governantes tomaram outras medidas que, segundo eles, visavam controlar doenças, como a varíola.

Em 1904, os deputados e senadores que compunham o Congresso aprovaram uma lei que autorizava os funcionários da saúde e a polícia a invadir as casas e vacinar as pessoas à força.

A população pobre do Rio de Janeiro, que já estava revoltada com as reformas, realizou protestos que ficaram conhecidos como a Revolta da Vacina. Os governantes enviaram a polícia para acabar com os protestos usando muita violência.

Explorar fontes históricas

A lei da vacina obrigatória foi retratada em cartuns publicados nas revistas que circulavam no Rio de Janeiro, como o que aparece abaixo.

Capa da *Revista da Semana*, 1904.

1. Explique como o autor da charge representou o Congresso e o povo.

____

____

____

____

2. Em sua opinião, a charge era favorável ou contrária à lei da vacina obrigatória? Por quê?

____

____

____

____

Exigindo direitos

Além de protestar contra as reformas e a vacinação obrigatória, a população dos bairros mais pobres do Rio de Janeiro exigia dos governantes seus direitos, como mostram as cartas enviadas para o *Jornal do Brasil* em abril de 1905.

As queixas do povo

Há três dias o lixo não é retirado da minha rua. Eu pago pontualmente a taxa sanitária e, portanto, acho-me no direito de pedir providências.

Morador do Rio Comprido

A rua é um matagal e as senhoras não podem pegar o bonde sem rasgar o vestido nos espinhos.

Moradores do Engenho Novo.

O matagal cresceu a tal ponto que serve de esconderijo para assaltantes. Como também pagamos impostos, esperamos que a Prefeitura providencie a respeito.

Moradores da rua Tenente Costa.

Nós não temos as ruas satisfatoriamente limpas e conservadas.

Moradores das freguesias de Inhaúma, Jacarepaguá e Irajá

Texto reescrito com base em Eduardo Silva. *As queixas do povo*. Rio de Janeiro: Paz e Terra, 1988. p. 130.

1. Liste os problemas citados nas “queixas do povo”.

____

____

____

Entreviste

E na localidade onde está a escola, há problemas? Quais?

- Entrevistem adultos que trabalham na escola ou que vivem na vizinhança.

Nome: ____________________

Idade: ____________________

Há quanto tempo vive na localidade: ____________________

Nome da localidade: ____________________

Quais os principais problemas da localidade?

____

____

____

____

____

2. Crie uma seção de jornal com dois dos problemas levantados na entrevista.

As queixas do povo

____________________	____________________
____________________	____________________
____________________	____________________
____________________	____________________
____________________	____________________
____________________	____________________
Morador de ____________	Morador de ____________

3. Levantem as possíveis soluções para os problemas citados na entrevista.

20. Propostas políticas

Nas primeiras décadas do século XX, a maioria da população brasileira continuou vivendo nas áreas rurais. Nessas áreas, os grandes fazendeiros pressionavam os trabalhadores e pequenos proprietários a votar nos candidatos ligados a eles. Essa pressão era facilitada pela existência do voto aberto, em que o eleitor deveria pronunciar publicamente sua escolha.

Assim, a maioria dos governadores, deputados e senadores eleitos eram representantes dos grandes fazendeiros.

Os grandes fazendeiros do Estado de São Paulo e de Minas Gerais mantinham um acordo de apoio na disputa pela presidência da República. Esse acordo garantiu a eleição de presidentes paulistas e mineiros entre 1894 e 1930.

Storni. A escolha do presidente, *Revista Careta*, Rio de Janeiro, 1925.

1. Explique o que representa a cadeira, os personagens ao lado dela e os personagens abaixo.

Na década de 1920 foram criados alguns partidos políticos contrários ao controle do poder pelos fazendeiros de São Paulo e Minas Gerais.

Partido Comunista

Criado em 1922 por líderes dos sindicatos de operários e intelectuais, o partido defendia a organização dos trabalhadores e a participação nas eleições por meio do voto secreto. Com isso, eles se fortaleceriam para exigir alguns direitos como oito horas de trabalho, férias e descanso semanal remunerados. No futuro, pretendiam assumir o poder em nome dos trabalhadores.

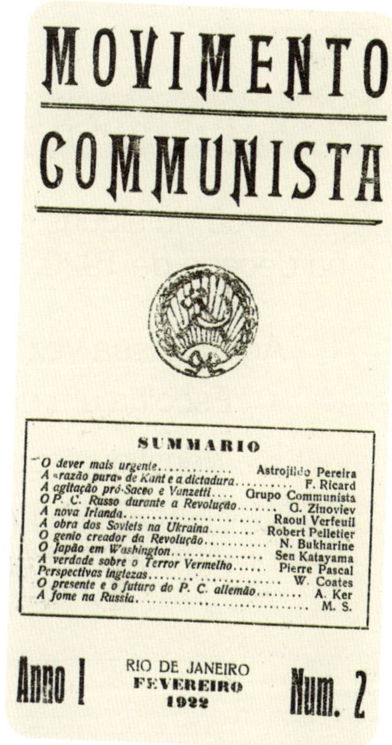
MOVIMENTO COMMUNISTA

SUMMARIO

O dever mais urgente	Astrojildo Pereira
A «razão pura» de Kant e a dictadura	F. Ricard
A agitação pró-Sacco e Vanzetti	Grupo Communista
O P. C. Russo durante a Revolução	G. Zinoviev
A nova Irlanda	Raoul Verfeuil
A obra dos Soviets na Ukraina	Robert Pelletier
O genio creador da Revolução	N. Bukharine
O Japão em Washington	Sen Katayama
A verdade sobre o Terror Vermelho	Pierre Pascal
Perspectivas inglezas	W. Coates
O presente e o futuro do P. C. allemão	A. Ker
A fome na Russia	M. S.

Anno I — RIO DE JANEIRO FEVEREIRO 1922 — Num. 2

Capa do jornal *Movimento Communista*, Rio de Janeiro, 1922.

Partido Democrático

Criado em 1926 por donos de fábricas, lojas e bancos e alguns fazendeiros descontentes, o partido defendia o voto secreto, mas era contra os direitos exigidos pelos trabalhadores e a intenção dos comunistas de assumir o poder em nome dos operários.

Cartaz de propaganda do Partido Democrático, 1926.

2. Compare as propostas dos membros do Partido Comunista e do Partido Democrático, identificando:

a) Semelhanças.

____

____

b) Diferenças.

____

____

____

3. Por que esses partidos tinham propostas diferentes?

Um passo a mais...

Você viu alguns cartuns que ironizam características da política brasileira na década de 1920.

1. **Agora é sua vez de produzir um cartum! Siga os passos:**
   - Escolha um personagem ou partido político atual para ser ironizado.
   - Identifique suas principais propostas.
   - Liste objetos, características pessoais ou situações que podem ser utilizados para ironizar esse personagem ou partido político.

   ____

   ____

   ____

   ____

   - Elabore o cartum no espaço abaixo.

2. Mostre seu cartum para um colega e veja o dele.
   - Há alguma semelhança entre eles? Qual?

A luta das mulheres

Nesse mesmo período, as mulheres também ampliaram a luta por participação política.

> Em 1922, funda-se a Federação Brasileira pelo Progresso Feminino [...] A Federação sabia que o direito político era muito importante, para que a consciência política da mulher crescesse e ela passasse a reivindicar outros direitos.
>
> A Federação Brasileira pelo Progresso Feminino abre seus canhões contra a Lei que não permitia a mulher votar nas eleições. [...]
>
> A Federação lança-se em campanha pela imprensa, ganha a adesão de políticos e consegue fazer com que a Lei seja modificada. Mas havia enormes pressões para que essa nova lei não fosse aprovada. O Senado resistia às pressões para dar voto à mulher. [...]
>
> A luta continuou, a partir de um certo momento, portanto. Bertha Lutz, em 1929, fundou a União Universitária Feminina. [...] Promoveu, então, ampla campanha para que a entidade tivesse representação em vários Estados e, isso, depois de intensa campanha.
>
> A movimentação das mulheres, liderada por Bertha Lutz, surtiu grande efeito.
>
> Irede Cardoso. *Os tempos dramáticos da mulher brasileira*. São Paulo: Centro Editorial Latino-Americano, 1981. p. 32-34.

4. Grife no texto conforme a legenda.

- ▢ (roxo) Principal luta das mulheres na década de 1920.
- ▢ (laranja) Associações que elas criaram para realizar essa luta.

Pesquise

Conversem com adultos e pesquisem em jornais, revistas e na internet sobre a participação política das mulheres no Brasil atual.

Deputadas federais em Brasília.

1. O cargo de prefeita do município onde vocês moram ou de governadora do estado já foi ocupado por uma mulher? Quantas vezes?

____

2. Atualmente, há mulheres ocupando o cargo de vereadoras? Elas são maioria ou minoria na Câmara Municipal?

____

____

3. Há mulheres ocupando o cargo de deputadas estaduais? Elas são maioria ou minoria na Assembleia Legislativa do estado onde vocês moram?

____

____

4. Alguma mulher já ocupou o cargo de presidenta da república? Quantas vezes?

____

5. Com base nos dados coletados na pesquisa, respondam:
   a) Atualmente, as mulheres podem votar e se candidatar a cargos políticos?

   ____

   b) Elas ocupam a mesma quantidade de cargos políticos que os homens?

   ____

   c) O que pode ser feito para mudar essa situação?

   ____

   ____

   ____

21. Um longo governo

Em 1930, alguns fazendeiros descontentes com o controle da presidência por paulistas e mineiros uniram-se a industriais, comerciantes e parte dos líderes operários. Eles apoiaram o gaúcho Getúlio Vargas, que tomou o poder com o auxílio de parte do exército.

Em 1933, foi convocada uma Assembleia Constituinte, que elaborou uma nova Constituição, aprovada no ano seguinte.

Getúlio Vargas no Paraná, em 1930.

Foi o povo que exigiu que a Assembleia Nacional Constituinte fosse convocada pelo então presidente Getúlio Vargas.

O voto passou a ser secreto e também as mulheres alfabetizadas puderam votar. A idade mínima para ser eleitor passou a ser dezoito anos.

Nessa Constituição os trabalhadores conseguiram que fosse aprovada a lei das oito horas de trabalho, por dia, do descanso semanal pago, do direito a assistência médica, a educação e a férias anuais.

Lilliana Iacocca e Michele Iacocca. *Entre nesse livro – A Constituição para crianças*. São Paulo: Ática, 2003. p. 22.

1. Explique o que mudou e o que não mudou:

a) Nos critérios de participação nas eleições.

____

____

b) Nos direitos dos trabalhadores.

____

____

____

Estado Novo e ditadura

Getúlio Vargas deveria governar até 1938, quando ocorreriam eleições para a escolha do novo presidente.

Porém, em 1937, com o apoio de membros do exército, Getúlio fechou o Congresso e impôs uma nova Constituição, que permitia ao presidente dissolver o Congresso Nacional, extinguir os partidos políticos, abolir a liberdade de imprensa e instituir a censura.

Com isso teve início uma fase do governo Vargas chamada de Estado Novo.

O presidente determinou que os sindicatos de trabalhadores fossem vigiados e extinguiu os partidos e as associações políticas. Getúlio também mandou prender os opositores e impediu a imprensa de divulgar notícias e opiniões contrárias ao governo.

Vargas criou a Consolidação das Leis do Trabalho (CLT), que garantiu vários direitos aos trabalhadores, em especial o salário mínimo. Além disso, ele apoiou o desenvolvimento da indústria brasileira.

Os meios de comunicação (jornais, revistas, emissoras de rádio) continuaram controlados. Vargas criou o DIP (Departamento de Imprensa e Propaganda) para divulgar notícias positivas sobre seu governo. Quem se revoltasse era perseguido, preso ou morto.

2. Muitos historiadores classificam o governo de Getúlio Vargas como uma ditadura.

Charge de Belmonte, *Folha da Manhã*, 1937.

O que é uma ditadura? É um sistema político em que o governo não é eleito, mas "tomado", violentamente ou não, por um segmento da sociedade. Esse governo fica então nas mãos de uma pessoa ou de um grupo de pessoas que passam a dispor de todo o poder sobre as diferentes instituições políticas. Essa pessoa ou pessoas é que decidem sobre o que seria melhor para todos. [...]

Para manter-se, a ditadura passa necessariamente a controlar a população, reprimindo, através da polícia e das forças armadas, quem a critica ou se opõe às suas decisões.

Chico Whitaker. *Ideias para acabar com os picaretas*. Rio de Janeiro: Paz e Terra, 1994. p. 17-18.

- Cite medidas do governo de Getúlio Vargas que permitem classificá-lo como uma ditadura.

____

____

____

____

____

3. E o Brasil atual, é uma ditadura? Por quê?

____

____

Comparar diferentes interpretações

Os historiadores têm diferentes interpretações sobre as leis trabalhistas aprovadas pelo governo de Getúlio Vargas.

Eulália Lobo:

Acho que o benefício da política trabalhista global de Vargas foi a manutenção do poder aquisitivo quanto à alimentação do operariado. [...] o poder aquisitivo foi preservado através da política de salário mínimo, do salário-família, dos restaurantes populares etc.

Mercado Municipal, Manaus, 1945.

Robert Levine:

[...] O que vi é que, nos dados relativos à sociedade urbana pobre, pelo menos na década de 30, não houve muita melhora nas condições de vida. [...] minha conclusão até agora é de que a legislação social não trouxe muita modificação no nível de vida.

Centro de Pesquisa e Documentação de História Contemporânea do Brasil (CPDOC) da Fundação Getúlio Vargas. *A Revolução de 30: seminário internacional.* Brasília: Ed. UnB, 1982. p. 353-354.

1. Qual dos historiadores considera que a política trabalhista de Vargas:

a) Melhorou a vida dos trabalhadores? Por quê?

____

____

____

b) Não melhorou a vida dos trabalhadores? Por quê?

____

____

____

2. Agora você é o historiador!

- Retome nas páginas anteriores os argumentos favoráveis e desfavoráveis ao governo de Getúlio Vargas.
- Preencha a tabela abaixo.

Favoráveis	Desfavoráveis

3. O professor ou a professora vai dividir a classe em seis grupos: três favoráveis e três contrários ao governo de Getúlio Vargas.

4. Você e os colegas do grupo devem preparar os argumentos que utilizarão no debate e as críticas que farão aos grupos opostos ao seu.

5. Escolham um colega para representar o grupo no debate.

6. O professor organizará o debate, marcando o tempo de apresentação, réplica e resposta de cada representante.

Bom debate!

22. Lutas por mudanças

Entre 1945 e 1964 os brasileiros realizaram diversas lutas que estão relacionadas com mudanças na forma de governo existente no Brasil.

1940

1945

Foram realizadas grandes manifestações pelo fim da ditadura, que garantiram a convocação de eleições diretas para a escolha de um novo presidente.

1946

A Assembleia Constituinte aprovou uma nova Constituição, que estabeleceu:

- Eleições diretas e obrigatórias para todos os cargos políticos.
- Direito de voto aos homens e mulheres maiores de 18 anos, excluindo os analfabetos.
- A autonomia dos poderes Legislativo, Executivo e Judiciário.
- A liberdade de as pessoas expressarem livremente suas opiniões.

1947

Os trabalhadores realizaram grandes manifestações e greves reivindicando aumento de salários e melhores condições de trabalho.

1950

Foram realizadas eleições diretas para presidente da república.

1953

Os trabalhadores realizaram a "Greve dos 300 mil".

1955

Realização de eleições diretas para presidente da república. Criação das Ligas Camponesas, que defendiam a reforma agrária, com a desapropriação das terras não utilizadas pelos grandes proprietários e sua distribuição para pequenos agricultores.

1960

Inauguração de Brasília, a nova capital do Brasil. Realização de eleições diretas para presidente da república.

1964

Ocorreram grandes debates e manifestações. Havia grupos que defendiam a realização de diversas reformas, entre as quais se destacava a reforma agrária. Outros grupos criticavam a proposta de reforma agrária, argumentando que isso feria o direito de propriedade dos grandes fazendeiros.

1970

1. Leiam um texto sobre a democracia.

> A ordem democrática se fundamenta, essencialmente, em três pontos: o respeito à liberdade, reconhecida como direito fundamental da pessoa humana; o reconhecimento da igualdade como outro direito humano fundamental condicionante da organização social; a supremacia* da vontade do povo, que deve ter a possibilidade de decidir diretamente ou por meio de representantes eleitos sobre todos os assuntos importantes de seu interesse.
>
> Dalmo de Abreu Dallari. *Direitos humanos e cidadania*. São Paulo: Moderna, 1998. p. 20.

- Listem os pontos que o autor destaca como essenciais da democracia.

2. No período entre 1946 e 1964 o Brasil teve democracia? Justifique sua resposta explicando dois fatos da linha do tempo.

3. E atualmente, o Brasil é uma democracia? Por que você concluiu isso?

Investigue

Consulte dois jornais diferentes durante uma semana, buscando imagens e textos de comícios, greves ou passeatas. Escolha uma dessas manifestações e conte aos colegas como cada jornal a noticiou.

23. O governo militar

Em 1964, alguns industriais, banqueiros e membros da classe média apoiaram um grupo de militares que tiraram do poder o presidente João Goulart.

Em 1967 os militares impuseram ao país uma nova Constituição, que determinava que o presidente da República passava a ser escolhido pelos membros do Congresso Nacional e não diretamente pela população. Essa Constituição também ampliava os poderes do poder Executivo e diminuía a autonomia dos governadores dos estados.

Em 1968 os governantes militares tomaram novas medidas.

> O presidente Costa e Silva fechou o Congresso por tempo indeterminado e assinou o Ato Institucional n. 5 (AI-5), para cuja vigência não foi estabelecido prazo. O ato atribuía ao presidente da República amplos poderes para decretar: estado de sítio, recesso do Congresso, intervenção nos Estados, cassação de mandatos e suspensão de direitos políticos. Subordinava os poderes Legislativo e Judiciário, ao impedir que qualquer ato do Executivo fosse contestado. [...]
>
> As prisões aconteceram aos milhares: estudantes, trabalhadores, artistas, intelectuais, políticos, todos identificados como inimigos.
>
> Maria Helena Simões Paes. *Em nome da segurança nacional: do golpe de 64 ao início da abertura*. São Paulo: Atual, 1995. p. 60.

1. Com base nas informações apresentadas, é possível classificar o governo militar como uma democracia ou uma ditadura? Por quê?

____

____

____

____

____

____

Diferentes manifestações

Apesar do controle exercido pelos governantes militares, muitos grupos continuaram realizando manifestações na década de 1970.

A gente ia pra fábrica antes de todos, lá pelas 5 e 45 da manhã, com os boletins do sindicato escondidos dentro da roupa. Aí nós distribuíamos os boletins nos lugares estratégicos: armários, banheiros. Era ali que se faziam as rodinhas de conversa. Olha, a maioria lia os boletins e comentava nos grupinhos.

Naquele tempo as greves eram proibidas, por isso o trabalho de convencer os operários era clandestino.

Depoimento de Gercio Vidal Bento Leite.

Anna Flora. *A República dos Argonautas*. São Paulo: Companhia das Letras, 1998, p. 114.

O Movimento Negro Unificado Contra a Discriminação Racial foi criado como um instrumento de luta da Comunidade Negra. Esse movimento deverá ter como princípio básico o trabalho de denúncia permanente de todos os atos de discriminação racial, a organização constante da Comunidade para enfrentar qualquer tipo de racismo*.

Manifesto citado por Michael G. Hanchard. *Orfeu e o poder: o movimento negro no Rio de Janeiro e em São Paulo (1945-1988)*. Rio de Janeiro: UERJ, 2001. p. 149.

No Congresso da UNE [União Nacional dos Estudantes] em 1979 os policiais toda hora paravam nossos ônibus na estrada. Revistavam tudo, mala por mala, nos interrogavam, queriam saber o que tantos estudantes juntos iam fazer em Salvador.
Mas a gente tinha combinado um plano. Se o ônibus fosse da faculdade de arquitetura, nós respondíamos: Estamos indo para um debate sobre urbanismo.

Depoimento de Eduardo Sanovicz.

Anna Flora. *A República dos Argonautas*. São Paulo: Companhia das Letras, 1998, p. 115.

Os índios perceberam que eles mesmos precisavam defender sua cultura, sua visão de mundo, sua forma de utilização da terra e seus recursos naturais. Para isso, criaram, em 1979, a União das Nações Indígenas (UNI). O objetivo da UNI era promover a união das comunidades indígenas, organizando a luta pelos seus direitos perante o governo e os não índios.

Katsue Hamada Zenun; Valéria Maria Adissi. *Ser índio hoje*. São Paulo: Loyola, 1998. p. 40-43.

2. **Você e os colegas irão organizar uma dramatização, escolhendo uma das formas de protesto citadas.**

- Não se esqueçam de incluir diálogos e cenas sobre os personagens e as propostas.

A pressão dos movimentos realizados por operários, estudantes, índios, negros, mulheres e artistas levou os militares a aceitar a aprovação de leis que garantiam a anistia aos condenados por motivos políticos e a formação de novos partidos. Em 1984 ocorreu um grande movimento por mudanças.

> [...] o clima tenso marcado pelo desemprego e pela insatisfação popular estimularam a oposição a levantar a bandeira pelas eleições diretas. [...] foi em 1984, com a formação de uma frente envolvendo vários partidos e instituições, que deslanchou com força a campanha das "Diretas-já". Os comícios foram ganhando um número cada vez maior de adeptos.
>
> [...] aos gritos de "Diretas já! O povo quer votar!" exigiam que o Congresso Nacional aprovasse a emenda* constitucional proposta pelo deputado Dante de Oliveira (PMDB-MS), que restabelecia as eleições diretas para presidente. [...]
>
> Apesar de todos os esforços e manifestações, a emenda que restabelecia as eleições diretas não atingiu o número suficiente de votos para a aprovação.
>
> Marco Antônio Silveira. *A volta da democracia no Brasil*. São Paulo: Saraiva, 1998. p. 13-16.

Comício das "Diretas Já!", Rio de Janeiro, 1984.

Em 1984, os membros do Congresso Nacional escolheram para presidente Tancredo Neves, que morreu antes de assumir o cargo e foi substituído pelo vice-presidente José Sarney.

3. Grife no texto conforme a legenda:

- (verde) Objetivo do movimento.
- (laranja) Como ele terminou.

24. De eleição em eleição

Aprovação da Constituição, 1988.

Em 1986 ocorreram eleições para escolha dos deputados e senadores que compuseram a Assembleia Constituinte, responsável pela elaboração de uma nova Constituição para o país.

Em 1988 foi aprovada a nova Constituição, que restabeleceu a escolha direta para presidente, governadores e prefeitos. Também instituiu o voto obrigatório para homens e mulheres maiores de 18 anos e o voto facultativo para os analfabetos, jovens entre 16 e 18 anos e maiores de 70 anos.

1. Leia trechos de alguns artigos da Constituição de 1988, em vigor no país até hoje.

Artigo 7º

São direitos dos trabalhadores urbanos e rurais: [...]

IV – salário mínimo, fixado em lei, nacionalmente unificado, capaz de atender a suas necessidades vitais básicas e às de sua família, como moradia, alimentação, educação, saúde, lazer, vestuário, higiene, transporte.

Constituição da República Federativa do Brasil. São Paulo: Atlas, 1988. p. 15 e 112.

- Sobre esse artigo, responda:

  a) Esse direito é respeitado na prática? Por quê?

  ____

  ____

  ____

  ____

  b) O que fazer para garantir esse direito?

  ____

  ____

Em 1989, ocorreram eleições diretas para presidente, vencidas por Fernando Collor de Mello. Porém, em 1992, ele foi acusado de corrupção no seu governo. Isso gerou um movimento chamado “Fora Collor!”.

Em dezembro de 1992, o presidente Collor renunciou ao cargo. Os membros do Congresso Nacional o proibiram de exercer cargos públicos por oito anos.

Passeata do movimento “Fora Collor!”. São Paulo, 1992.

2. **Ao longo de sua história, o Brasil teve várias Constituições. Agora vamos fazer uma atividade sobre essas Constituições.**

- Destaque a linha de tempo do encarte da página 125.
- Observe os textos do encarte da página 127, com algumas características de cada Constituição brasileira.
- Destaque os textos e cole-os nos quadrinhos da linha de tempo referentes a cada Constituição.

Após a saída de Collor, assumiu o cargo o vice-presidente eleito, Itamar Franco, que governou até 1994. Nesse ano, ocorreram novas eleições, vencidas por Fernando Henrique Cardoso.

Votação da emenda da reeleição na Câmara dos Deputados em 1997.

Em 1997, o Congresso Nacional aprovou uma lei que permitiu a reeleição para os cargos de presidente, governador e prefeito. Com isso, Fernando Henrique Cardoso pôde concorrer novamente, sendo reeleito presidente em 1998.

Em 2002, ocorreram novas eleições, vencidas por Luiz Inácio Lula da Silva, que foi reeleito em 2006. Em 2010 ocorrerão novas eleições para presidente.

3. Junte-se a um colega e leiam as frases.

"Sou a favor do direito de reeleição, pois assim o governante fará um bom governo para tentar se reeleger."

"Sou contra o direito de reeleição, pois o governante pode usar o seu poder para influenciar a população a votar nele novamente."

- E vocês, o que acham do direito de reeleição?

  Debata as duas frases com o colega e registrem suas opiniões.

  ____

  ____

  ____

  ____

  ____

  ____

  ____

- Contem para os colegas as suas opiniões.

Refletindo mais

Canções e política

Nesta unidade observamos diversos tipos de fontes históricas: cartuns, trechos da Constituição, fotografias, depoimentos etc.

Outra fonte histórica sobre os governos e as lutas políticas são as letras de canções.

1. Leia dois trechos de letras de canções produzidas em diferentes momentos da história brasileira.

É negócio casar

Ataulfo Alves e Felisberto Martins, 1941.

O Estado Novo veio para nos orientar
No Brasil não falta nada
Mas precisa trabalhar
Tem café, petróleo e ouro
Ninguém pode duvidar
E quem for pai de quatro filhos
O presidente manda premiar
É negócio casar!

Apesar de você

Chico Buarque de Holanda, 1970.

Hoje você é quem manda
Falou, tá falado
Não tem discussão
A minha gente hoje anda
Falando de lado
E olhando pro chão, viu [...]
Apesar de você
Amanhã há de ser
Outro dia

- Preencha a tabela sobre as letras das canções:

	Quem estava governando?	O trecho da canção é favorável ou contrário a esse governo? Por quê?
É negócio casar (1941)		
Apesar de você (1970)		

Pesquise

1. Pesquisem em jornais, revistas ou na internet letras de canções atuais que tratem de temas como: pobreza, corrupção, luta por direitos, discriminação racial, situação da mulher, problemas ambientais etc.

2. Expliquem quais os problemas abordados na letra da canção.

3. O professor ou a professora organizará uma apresentação das letras de canções pesquisadas pelos grupos.
   - Se possível, vocês podem ouvir as gravações das canções em classe e, depois, explicar aos colegas os problemas políticos abordados.

De leitor para leitor

UNIDADE 1 A dominação portuguesa

Livros

- **Histórias de índio**

Daniel Munduruku. São Paulo: Companhia das Letrinhas, 2000.

Neste livro você vai conhecer a história de um menino indígena "que não sabia sonhar", os depoimentos do autor sobre sua vida no mundo dos não índios e alguns dados sobre a situação dos povos indígenas no Brasil.

- **Do outro lado do Atlântico**

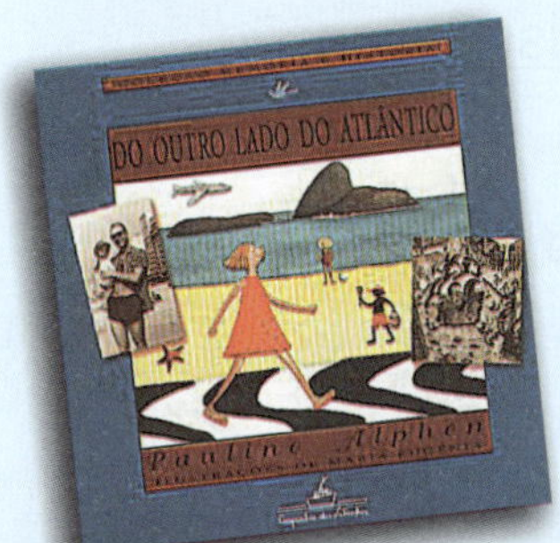

Pauline Alphen. São Paulo: Companhia das Letras, 2003.

Acompanhe a viagem de uma menina francesa para o Brasil: as mudanças na língua, na alimentação, na escola... Ao mesmo tempo, saiba um pouco mais sobre os primeiros franceses que vieram para o Brasil, no tempo da dominação portuguesa.

- **Salvador, capital da colônia**

Avanete Pereira Sousa. São Paulo: Atual, 1995.

Neste livro você conhecerá alguns hábitos do cotidiano das pessoas que viveram na cidade de Salvador, capital do Brasil no tempo da dominação portuguesa.

Site

- **Museu do índio**

Este *site* traz dados sobre os povos indígenas do Brasil: localização, população, lutas, costumes e tradições.

www.museudoindio.org.br

UNIDADE 2

Crise da dominação portuguesa

Livros

- **Histórias da Preta**

Heloísa Pires Lima. São Paulo: Companhia das Letrinhas, 2002.

Preta, chamada assim por sua madrinha, começa a se indagar sobre suas origens e, para chegar até elas, retoma a história dos africanos e dos afro-brasileiros: os costumes, a religião e as lutas que realizaram em diferentes momentos da história brasileira.

- **O Rio de Janeiro, capital do reino**

Ilmar Rohloff de Mattos e outros. São Paulo: Atual, 1995.

Conheça um pouco do dia a dia (alimentação, vestimenta, festas, disputas políticas, meios de transporte) das pessoas que viviam no Rio de Janeiro durante o governo de D. João VI.

Sites

- **Portal Afro**

Esta página traz informações sobre os afro-brasileiros: manifestações culturais, lutas por direitos, comunidades quilombolas.

www.portalafro.com.br

- **Instituto Socioambiental**

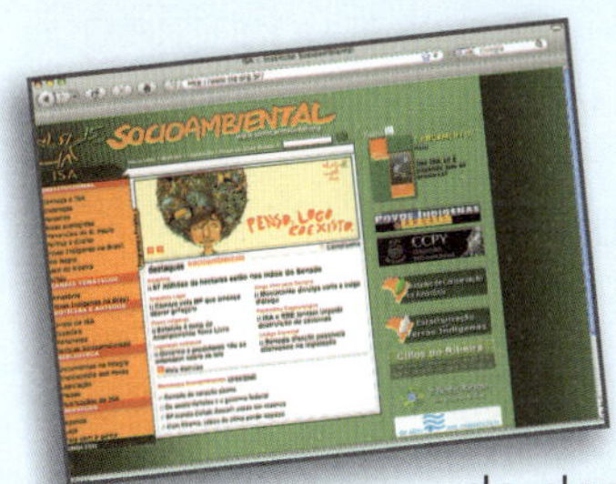

O *site* traz informações sobre as comunidades indígenas, quilombolas e projetos de desenvolvimento sustentável e proteção ambiental.

www.socioambiental.org

De leitor para leitor

UNIDADE 3 Nos tempos da monarquia

Livros

- **Entre neste livro: a Constituição para crianças**

Liliana Iacocca e Michele Iacocca. São Paulo: Ática, 2003.

Que tal aceitar o convite para um passeio diferente? Nele você vai conhecer a história de todas as Constituições brasileiras, percebendo o contexto em que elas foram feitas e as mudanças que elas provocaram na vida das pessoas.

- **Jean Baptiste Debret**

Douglas Tufano. São Paulo: Moderna, 1999.

Conheça um pouco mais sobre o pintor francês Jean Baptiste Debret, que chegou ao Brasil em 1816 e representou em suas obras as mudanças políticas ocorridas no final da dominação portuguesa e início da monarquia. Além disso, representou o cotidiano das pessoas que viviam no território do atual Brasil.

- **A história dos escravos**

Isabel Lustosa. São Paulo: Companhia das Letrinhas, 1998.

Entenda a história dos escravos e dos seus descendentes por meio de um diálogo entre presente e passado.

Site

- **Historianet**

Navegue em textos, análises, biografias e imagens sobre a História do Brasil e de outras partes do mundo.

www.historianet.com.br

UNIDADE 4 Lutas na república

Livros

- **Era uma vez um tirano**

Ana Maria Machado. São Paulo: Salamandra, 2003.

Era uma vez um reino (ou uma república) em que as pessoas davam muito palpite no jeito que queriam viver. Mas aí apareceu o Tirano, ou Ditador. Ele expulsou quem tinha sido escolhido pela maioria e desandou a dar ordens e mandar em todo mundo. Como será que termina essa história? Leia o livro e você vai descobrir!

- **A praça é do povo: política e cidadania**

Maria Lúcia Aranha. São Paulo: Moderna, 2004.

Um grupo de amigos tem um problema para resolver e para isso tem de aprender a se organizar politicamente: conversar, propor soluções, escolher a melhor proposta, organizar um plano de ação. Nesse aprendizado, descobrem os significados das palavras política e cidadania.

- **Chico Buarque**

Ângela Braga-Torres. São Paulo: Moderna, 2005.

Conheça neste livro o contexto de produção das canções deste autor, que escreveu canções de protesto contra a ditadura militar instalada no Brasil em 1964.

Site

- **Museu da Pessoa**

Esta página traz depoimentos de políticos, empresários, artistas, operários, estudantes sobre suas vivências pessoais no Brasil do século XX.

www.museudapessoa.com.br

Glossário

- **Aldeados**
  Índios que viviam em povoação administrada por religiosos ou por autoridades não religiosas.

- **Alforria**
  Liberdade de escravo concedida pelo dono ou conquistada por meio da compra.

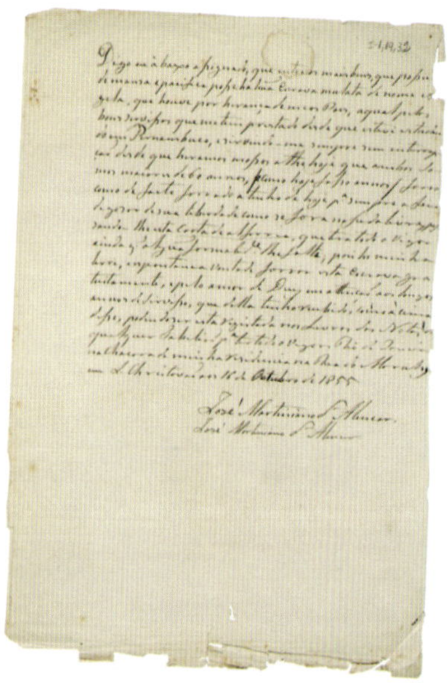

Carta de alforria passada por José Martiniano de Alencar em nome de sua escrava Ângela. 1855.

- **Alvará**
  Licença concedida por autoridade administrativa para o exercício de determinada atividade.

- **Analfabetos**
  Que não sabem ler nem escrever.

- **Baía**
  Pequeno braço de mar que entra numa terra.

- **Cambuquira**
  Broto da abóbora.

- **Confrarias**
  Associações religiosas.

- **Constituição**
  Lei fundamental que define os direitos e deveres das pessoas e a forma de governo de um país.

Constituição de 1988.

- **Correligionários**
  Pessoas que pertencem ao mesmo grupo político.

- **Demarcação**
  Determinação de limites por meio de marcos.

- **Desjejum**
  Primeira refeição do dia.

- **Emenda**
  Texto que altera uma lei ou um conjunto de leis.
- **Esplendor**
  Pompa, luxo, grandeza.
- **Exíguos**
  Insuficientes.
- **Facções**
  Divisões de partidos ou grupos políticos.
- **Fazendas (de algodão)**
  Tecidos.
- **Florins**
  Antiga moeda da Holanda.
- **Gozar**
  Usufruir.
- **Hereditário**
  Que se transmite por herança entre pessoas aparentadas.
- **Hectare**
  Medida agrária, equivalente a dez mil metros quadrados.
- **Manufaturas**
  Grande unidade fabril com divisão de tarefas e utilização de máquinas simples.
- **Monjolo**
  Antigo engenho movido por água, onde se moía o milho.
- **Nômades**
  Pessoas que mudam constantemente de local de moradia.
- **Racismo**
  Discriminação de pessoas baseada na suposta diferenciação racial, cuja argumentação foi construída no século XIX e questionada ao longo do século XX, quando se firmou a noção de que existe uma única raça humana.
- **Remanescentes (de quilombos)**
  Pessoas que permanecem vivendo nas comunidades quilombolas.
- **Supremacia**
  Superioridade.
- **Tipografia**
  Sistema de impressão por meio de tipos que contêm formas em relevo.

Tipógrafo montando página do jornal *The New York Times*, setembro de 1942.

- **Título**
  Documento que atesta a propriedade de um bem ou valor.

Créditos das fotos

(da esquerda para a direita, de cima para baixo)

As imagens identificadas com a sigla CID foram fornecidas pelo Centro de Informação e Documentação da Editora Moderna.

p. 3 Antônio Gaudério/Folha Imagem

p. 10 Fundação Biblioteca Nacional, Rio de Janeiro

p. 11 The Bridgeman Art Library/ Keystone – Musée Crozatier, Le Puy-en-Velay, França

p. 12 Fundação Biblioteca Nacional, Rio de Janeiro; Bridgeman Art Library/ Keystone

p. 14 Instituto de Estudos Brasileiros (IEB)/USP, São Paulo; Album/ AKG Images/LatinStock – Coleção particular

p. 15 Museus Castro Maya/Div. de Iconografia, Rio de Janeiro

p. 16 Rosa Gauditano/StudioR

p. 18 Janduari Simões/Folha Imagem

p. 19 André Lobo/AJB

p. 20 Jacek/Kino

p. 21 Fundação Biblioteca Nacional, Rio de Janeiro

p. 22 Corel/Stock Photos

p. 23 Koninklijke Bibliotheek, Haia

p. 24 Palácio Laranjeiras, Rio de Janeiro

p. 25 Staatsgalerie, Stuttgart

p. 26 Coleção particular

p. 27 Stockdisc/Getty Images

p. 28 Ricardo Chaves/Agência Zero Hora

p. 29 Museus Castro Maya/Div. de Iconografia, Rio de Janeiro

p. 30 Selva/Leemage/Other Images – Coleção particular

p. 31 Fundação Biblioteca Nacional, Rio de Janeiro

p. 34 Museu Paulista/USP, São Paulo; Museu Antônio Parreiras, Niterói

p. 35 Coleção particular; Museu Mariano Procópio, Juiz de Fora

p. 36 Rômulo Fialdini - Museu Histórico Nacional, Rio de Janeiro

p. 37 Photodisc/Getty Images

p. 38 Instituto de Estudos Brasileiros (IEB)/USP, São Paulo

p. 42 Museu Histórico Nacional, Rio de Janeiro

p. 43 Fundação Biblioteca Nacional, Rio de Janeiro

p. 44 Fundação Biblioteca Nacional, Rio de Janeiro

p. 46 Coleção particular; Photodisc/Getty Images

p. 47 Biblioteca Mario de Andrade, São Paulo

p. 48 Iconographia – Biblioteca Nacional de Portugal, Lisboa; Coleção particular

p. 49 Biblioteca Brasiliana Robert Bosch GMBH, Stuttgart, Alemanha

p. 50 Museus Castro Maya/Div. de Iconografia, Rio de Janeiro

p. 51 Stockdisc/Getty Images

p. 53 Arquivo Histórico Ultramarino, Lisboa

p. 54 Museus Castro Maya/Div. de Iconografia, Rio de Janeiro

p. 55 Museu Nacional de Belas Artes, Rio de Janeiro

p. 56 Museu Paulista/USP, São Paulo

p. 57 Museu Imperial/IPHAN/MinC

p. 59 Paulo Manzi

p. 60 Coleção José Mindlin, São Paulo

p. 61 Alan Marques/Folha Imagem

p. 62 Museus Castro Maya/Div. de Iconografia, Rio de Janeiro

p. 63 Museus Castro Maya/Div. de Iconografia, Rio de Janeiro; Coleção particular

p. 65 Delfim Martins/Pulsar

p. 66 Palácio Itamaraty, Brasília

p. 67 Fundação Biblioteca Nacional, Rio de Janeiro

p. 70 Fundação Biblioteca Nacional, Rio de Janeiro

p. 71 Museu Paulista/USP, São Paulo

p. 73 Corel/Stock Photos

p. 74 Fundação Biblioteca Naciona/DRD/ Div. de Iconografia, Rio de Janeiro

p. 76 Arquivo Nacional, Rio de Janeiro

p. 77 Seção Arquivo de Negativos/DPH/ SMC/Prefeitura do Município de São Paulo

p. 79 Photodisc/Getty Images

p. 80 Instituto de Estudos Brasileiros (IEB)/USP, São Paulo

p. 81 Fundação Biblioteca Nacional, Rio de Janeiro

p. 82 Acervo da Justiça Eleitoral

p. 84 Marlene Bergamo/Folha Imagem; Wilson Dias/Agência Brasil; Mônica Zarattini/Agência Estado; Wenderson Araújo/Futura Press

p. 86 Ricardo Azoury/Pulsar Imagens (foto de fundo: Vão Livre do Museu de Arte Moderna localizado no Parque do Flamengo, Rio de Janeiro – RJ); Arquivo Nacional, Rio de Janeiro; Fundação Getúlio Vargas/ CPDOC, Rio de Janeiro

p. 87 Ricardo Azoury/Pulsar Imagens (foto de fundo: Vão Livre do Museu de Arte Moderna localizado no Parque do Flamengo, Rio de Janeiro – RJ); Arquivo Agência O Globo; Paula Simas/Olhar Imagem

p. 88 João Martins Torres – Instituto Moreira Salles, São Paulo

p. 89 Fundação Biblioteca Nacional, Rio de Janeiro

p. 90 Augusto Malta – Instituto Moreira Salles, São Paulo

p. 91 Stockdisc/Getty Images

p. 92 Fundação Biblioteca Nacional, Rio de Janeiro

p. 93 Iconographia – Reminiscências; Fundação Biblioteca Nacional, Rio de Janeiro

p. 94 Stockdisc/Getty Images

p. 95 Augusto Malta -- Museu da Imagem e do Som, Rio de Janeiro

p. 96 Lula Marques/Folha Imagem

p. 97 Fundação Getúlio Vargas/CPDOC, Rio de Janeiro

p. 99 Biblioteca Nacional, Rio de Janeiro

p. 100 Marcel Gautherot -- Instituto Moreira Salles, São Paulo

p. 102 Arquivo Agência Estado; Iconographia -- Reminiscências; Fundação Getúlio Vargas/CPDOC, Rio de Janeiro

p. 103 Arquivo Agência Estado; Arquivo Agência Jornal do Brasil; Iconographia

p. 105 Arquivo Agência Estado

p. 108 Ricardo Azoury/Olhar Imagem

p. 109 Ricardo Azoury/Olhar Imagem

p. 110 Jorge Araújo/Folha Imagem

p. 111 Juca Varella/Folha Imagem

p. 112 Acervo Última Hora – Arquivo Público do Estado de São Paulo; Paulo Salomão/Editora Abril

p. 114 Paulo Manzi/CID; Photodisc/Getty Images

p. 115 Paulo Manzi/CID; Photodisc/Getty Images

p. 116 Paulo Manzi/CID; Photodisc/Getty Images

p. 117 Paulo Manzi/CID; Photodisc/Getty Images

p. 118 Fundação Biblioteca Nacional, Rio de Janeiro; Reprodução

p. 119 Corbis/Latinstock

Encarte referente à página 17.

Fontes: Luiz Henrique Dias Tavares. *História da Bahia*. São Paulo: Ática, 1979. p. 72; Avanete Pereira Souza. *Salvador, capital da colônia*. São Paulo: Atual, 1995. p. 5.

Encarte referente à página 59.

Encarte referente à página 110.

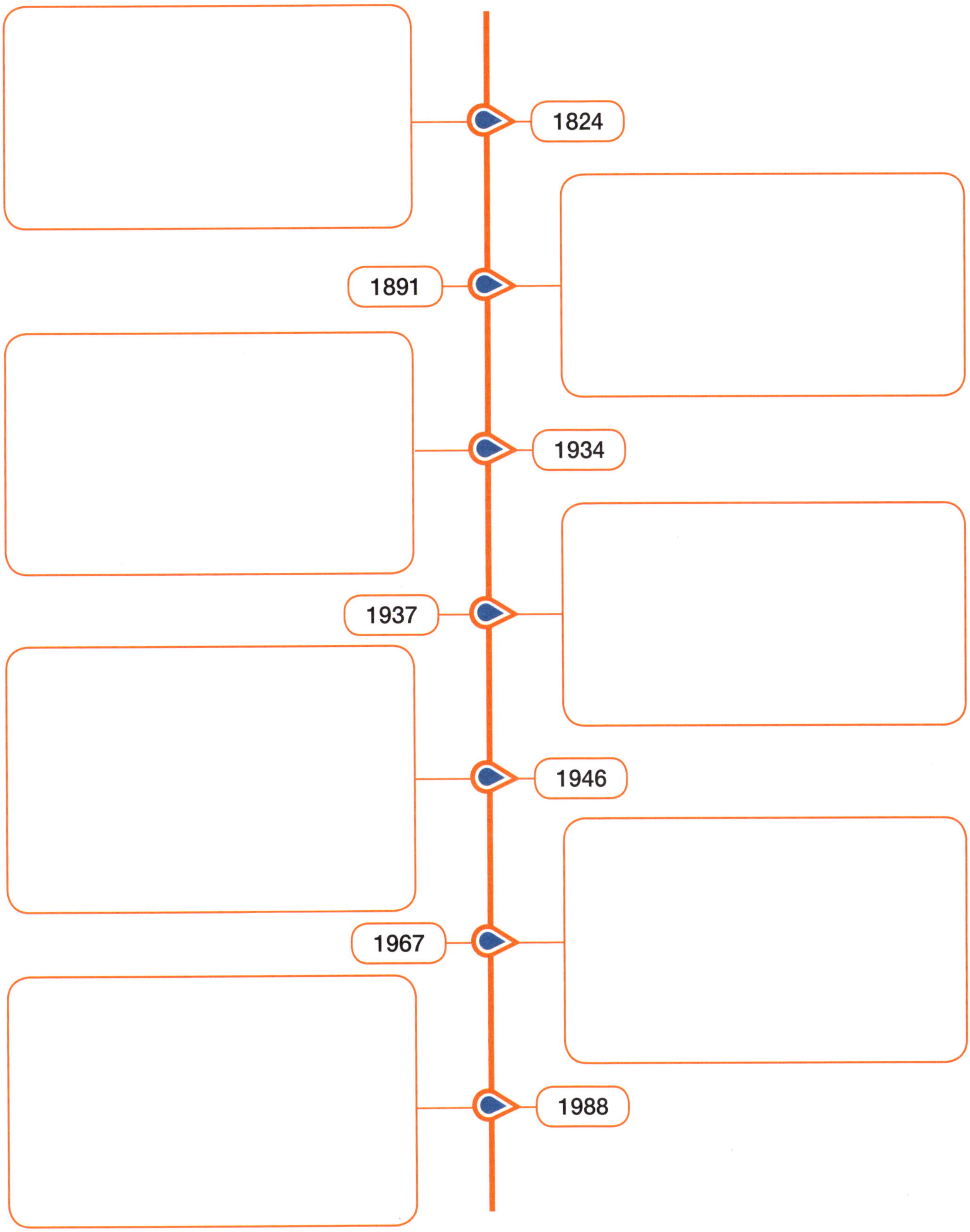

Encarte referente à página 110.

- Voto secreto de homens e mulheres alfabetizados, maiores de 18 anos.
- Direitos dos trabalhadores, como oito horas de trabalho por dia, descanso semanal remunerado, direito a assistência médica, educação e férias anuais.

- Restabeleceu a escolha direta para presidente, governadores e prefeitos.
- Voto obrigatório para homens e mulheres maiores de 18 anos.
- Voto facultativo para os analfabetos, jovens entre 16 e 18 anos e maiores de 70 anos.

Permissão para o presidente da república:

- dissolver o Congresso Nacional;
- extinguir os partidos políticos;
- abolir a liberdade de imprensa;
- instituir a censura.

- Eleições diretas e obrigatórias para todos os cargos políticos.
- Direito de voto aos homens e mulheres maiores de 18 anos alfabetizados.
- Autonomia dos poderes Legislativo, Executivo e Judiciário.
- Liberdade de opinião.

- Direito de voto para os homens maiores de 21 anos alfabetizados.
- Voto não obrigatório.
- República.

- Voto restrito aos homens livres, maiores de 25 anos com renda mínima anual alta.
- Manutenção da escravidão.
- Monarquia constitucional.

- O presidente da república passava a ser escolhido pelos membros do Congresso Nacional e não diretamente pela população.
- Ampliação do poder executivo e diminuição da autonomia dos governadores dos estados.